Abhandlungen des kriminalistischen Seminars
an der Universität Berlin.
Neue Folge. Fünfter Band. I. Heft.

Die Kriminalität im Amtsbezirk Heidelberg.

Von

Dr. Franz Dochow.

Berlin 1906.
J. Guttentag, Verlagsbuchhandlung,
G. m. b. H.

Fortsetzung siehe Seite 3 des Umschlags.

Abhandlungen

des

kriminalistischen Seminars

an der Universität Berlin.

Herausgegeben

von

Dr. Franz v. Liszt,

ord. Professor der Rechte zu Berlin.

Neue Folge. Fünfter Band. 1. Heft.

Franz Dochow: Die Kriminalität im Amtsbezirk Heidelberg.

Berlin 1906.

J. Guttentag, Verlagsbuchhandlung,

G. m. b. H.

Die Kriminalität
im Amtsbezirk Heidelberg.

Von

Dr. Franz Dochow.

Berlin 1906.
J. Guttentag, Verlagsbuchhandlung,
G. m. b. H.

Sr. Exzellenz

dem Herrn Staatsminister

Dr. HANS FREIHERRN VON BERLEPSCH

in dankbarer Verehrung

überreicht

vom Verfasser.

Inhalt.

Einleitung.

Unter der Überschrift „Über Kriminalstatistische Einzeluntersuchungen“ habe ich in der Monatsschrift für Kriminalpsychologie und Strafrechtreform[1]) die bisherigen Versuche, ein kleineres geographisches Gebiet auf seine Kriminalität hin zu untersuchen, eingehend besprochen. Ich halte meine dort gemachten Angaben auch heute noch für zutreffend und kann mich daher mit diesem Hinweis begnügen. Neue Literatur ist nicht zu berücksichtigen, es kommen nur die beiden Abhandlungen von Weidemann und Blau[2]) in Betracht. Die Arbeit von Petersilie über die Kriminalität der Provinz Sachsen, die später (als Beilageheft zum „Gerichtssaal“) erschien, ist sehr beachtenswert, erstreckt sich aber schon auf ein zu großes Gebiet, wird jedoch die Bearbeitung einzelner Kreise dieser Provinz in gleicher Weise wesentlich erleichtern können, wie es bei volkswirtschaftlichen Untersuchungen der Fall sein kann. Ich habe wiederholt auf die Schrift von Pieper über die Lage der Bergarbeiter im Ruhrrevier hingewiesen, weil sie mir ganz besonders geeignet erscheint, als Unterlage für eine kriminalstatistische Einzeluntersuchung des Ruhrreviers zu dienen.[3]) An

---

1) M. Schr. Krim. Psych. I. S. 443—449.

2) Abhandlungen des Kriminalstatistischen Seminars an der Universität Berlin. Neue Folge. II. Bd. 1. Heft, Dr. Walther Weidemann, Die Ursachen der Kriminalität im Herzogtum Sachsen-Meiningen. — 2. Heft, Kriminalstatistische Untersuchungen der Kreise Marienwerder und Thorn. Zugleich ein Beitrag zur Methodik kriminalstatistischer Untersuchungen von Bruno Blau. Berlin 1903. — Die beiden Schriften sind treffend gekennzeichnet durch H. West in den „Sozialistischen Monatsheften“ 1903. II. Band. Nr. 11. Rundschau S. 878.

3) Vergl. Dochow, Über den Wert arbeitsstatistischer Einzeluntersuchungen. M. Schr. Krim. Psych. I. S. 320.

genannter Stelle habe ich angegeben, daß eine kriminalstatistische Einzeluntersuchung neben den kriminalstatistischen Daten auch die allgemein- und arbeitsstatistischen zu berücksichtigen habe, letztere namentlich dort, wo eine zahlreiche Industriebevölkerung aus ihrer ungünstigen wirtschaftlichen Lage[1]) heraus zum Verbrechen veranlaßt wird. Dies ist beim Amtsbezirk Heidelberg, wie aus den folgenden Ausführungen hervorgeht, nicht der Fall, jedenfalls geben die Delikte, die aus wirtschaftlicher Not begangen werden, durchaus nicht den Ausschlag bei der Beurteilung der Kriminalitätsziffern, namentlich der der einheimischen Bevölkerung nicht. Es konnte deshalb hier von einem besonderen arbeitsstatistischen Teil, wie ich an anderer Stelle[2]) in Vorschlag gebracht habe, abgesehen werden. Einige beachtenswerte Angaben über die Heidelberger Arbeiterbevölkerung sind dem ersten Teil eingefügt. In einem Aufsatz über „Die Arbeiterstatistik und ihr Wert für die Kriminalpolitik“[3]) habe ich noch besonders darauf hingewiesen, welche arbeitsstatistischen Angaben für die kriminalstatistische Einzeluntersuchung wertvoll werden können und wie sie zu beschaffen sind. Ich bezeichne in Anlehnung an v. Scheels Definition der Kriminalstatistik als Arbeiterstatistik den Teil der Statistik, der sich in erster Linie mit dem, was den Arbeiter (und verwandte Berufszweige) angeht, beschäftigt und ihn als Bestandteil der Bevölkerung betrachtet.[4]) Auf eine recht brauchbare Quelle für arbeitsstatistische Daten möchte ich hier noch nachträglich hinweisen. Es sind dies die Vermögenszeugnisse, die den Gerichtsakten beigefügt sind. Sie enthalten bekanntlich zahlenmäßige Angaben über das Vermögen des Beschuldigten, über ausstehende Forde-

---

[1]) „Die wirtschaftliche Lage, deren günstige oder ungünstige Gestaltung heute in erster Linie für die Entwicklung der Kriminalität in Betracht kommt, das ist die Gesamtlage der arbeitenden Klassen, ihre Lage nicht nur in finanzieller, sondern auch in körperlicher, geistiger, sittlicher, politischer Beziehung.“ v. Liszt, Strafrechtliche Aufsätze und Vorträge. II. S. 245.

[2]) M. Schr. Krim. Psych. I. S. 644.

[3]) M. Schr. Krim. Psych. II. S. 109—119.

[4]) Vergl. auch M. Schr. Krim. Psych. II. S. 110.

rungen (Ausstände aus eigenen Betrieben, Lohnausstände, Ausstände aus Darlehen, Guthaben bei Sparkassen und Genossenschaften), über die Steuerveranlagung, über Schulden, über das Vermögen der Ehefrau, über die Arbeitsfähigkeit (Arbeitslosigkeit), die Höhe des durchschnittlichen Monatsverdienstes, die Kopfzahl der zu ernährenden Familie usw. All diese Momente bestimmen ja doch die Lebenshaltung[1]), und da sie durch die Bürgermeisterämter festgestellt werden müssen, werden sie den wirklichen Verhältnissen nahe kommen; jedenfalls können sie durch private Nachforschungen kaum zuverlässiger angegeben werden.

Bei der vorliegenden Arbeit kam es mir weniger darauf an, interessante Ergebnisse zu liefern, — meine stille Hoffnung, es doch bis zu einem gewissen Grade tun zu können, hat sich in noch stärkerem Maße als trügerisch erwiesen, als ich annahm — als darauf, zu zeigen, wie ich mir die Durchführung einer Einzeluntersuchung denke, wie aus Listen und Akten der Gerichts- und Verwaltungsbehörden und durch Erfragen das festgestellt werden kann, was zur Ergänzung des veröffentlichten statistischen Materials heranzuziehen ist.[2])

In seiner Abhandlung „Zur Vorbereitung des Strafgesetzentwurfs“[3]) hat v. Liszt gesagt, der Gesetzgeber müsse die Kriminalität nicht nur in ihrer äußeren Erscheinung, sondern auch in ihren tiefer liegenden inneren Ursachen kennen lernen. Die Kriminalstatistik als beschreibende Wissenschaft

---

[1]) „Unter Lebenshaltung der Arbeiter versteht man den Aufwand, den sie durchschnittlich, der Lebensgewöhnung und den Sitten ihrer Berufsgruppen entsprechend, zur Befriedigung ihrer Bedürfnisse zu machen bestrebt sind.“ v. Philippovich, Grundriß der politischen Ökonomie. II. Band. Volkswirtschaftspolitik, Freiburg 1899. S. 299.

[2]) Die Behörden in Heidelberg, das Großherzogliche Land- und Amtsgericht, die Großherzogliche Staatsanwaltschaft und das Großherzogliche Bezirksamt haben mich bei meiner Arbeit bereitwilligst unterstützt; ich verfehle nicht, an dieser Stelle dafür meinen ergebensten Dank auszusprechen. Ebenso bleibe ich allen denen, die meiner Arbeit Interesse entgegengebracht haben, zu Dank verpflichtet, in erster Linie aber Herrn Prof. Dr. K. von Lilienthal.

[3]) v. Liszt Strafrechtliche Aufsätze und Vorträge. Zweiter Band. Berlin 1905. S. 412.

habe die Kriminalität nicht nur zu beschreiben, sondern auch zu erklären. Das anzustrebende Ziel sei: Vollständigkeit und Zuverlässigkeit des in den statistischen Tabellen niedergelegten Beobachtungsstoffes, reiche Gliederung und anschauliche Darstellung des Urmaterials. Die Kriminalstatisik als erklärende Wissenschaft habe aber auch die von ihr beobachteten und dargestellten Erscheinungen auf ihre zureichende Ursache zurückzuführen; sie soll das Problem kausal stellen und lösen, die Ätiologie des Verbrechens liefern. Die kausale Betrachtung, die Verarbeitung und Verwertung des durch die Massenbeobachtung seitens des staatlichen Verwaltungsapparates gewonnenen Materials habe durch die freie, rein wissenschaftliche Tätigkeit zu erfolgen. v. Liszt bemerkt dazu, daß die Grenzlinie zwischen amtlicher und privater Tätigkeit nicht immer streng festgehalten werden müsse und verweist darauf, daß die Bände der Reichskriminalstatistik ja auch fast in jeder Veröffentlichung Untersuchungen über den Zusammenhang der Kriminalität mit anderen Verhältnissen und Betätigungen unseres gesellschaftlichen Lebens, wertvolle Ansätze also zur kausalen Erklärung enthalten.[1]) Die systematische Einzelbeobachtung habe neben die systematische Massenbeobachtung zu treten[2]) und zwar habe sie am geeignetsten durch die Gefängnisverwaltungen zu erfolgen. Nach v. Liszts wiederholt vertretener Ansicht deckt sich das Problem der Kriminalität zum weitaus größten Teil mit der Frage nach den gesellschaftlichen Faktoren des Verbrechens. Er verlangt daß wir über das Rechnen mit den großen Durchschnittszahlen hinauskommen, über das Rechnen mit dem Reichsdurchschnitt, dem Durchschnitt für Preußen und die übrigen Bundesstaaten, und für möglichst kleine, örtlich abgegrenzte Gebiete die sämtlichen Faktoren untersuchen, die auf die Gestaltung der Kriminalität bestimmenden Einfluß ausüben.

Diese Ausführungen von Liszts haben mich veranlaßt, den Versuch zu machen, einen Beitrag zur Kriminalität eines ab-

---

[1]) v. Liszt a. a. O. S. 413.

[2]) v. Liszt a. a. O. S. 417.

gegrenzten Bezirkes zu liefern und zur Verbesserung der anzuwendenden Methode beizutragen. Kleinere Landesteile als preußische Kreise oder die dem entsprechenden Verwaltungsbezirke der Bundesstaaten einer kriminalstatistischen Einzeluntersuchung zu unterziehen, dürfte kaum angebracht erscheinen.

Die Arbeit zerfällt in zwei Teile:

1. in einen geographisch-statistischen Teil,
2. in einen kriminalpolitischen Teil.

1. Der geographisch-statistische Teil soll einen Überblick über das zu untersuchende Gebiet, den Amtsbezirk Heidelberg, geben. Er enthält die allgemeinen Angaben über die Zusammensetzung der Bevölkerung und hebt das hervor, was für den Amtsbezirk besonders charakteristisch erscheint und bei der Beurteilung seiner Kriminalität in Betracht zu ziehen ist. Der erste Teil enthält somit die nicht kriminalstatistischen Daten.

2. Der kriminalpolitische Teil enthält im wesentlichen die kriminalstatistischen Ziffern. Dazu kommen dann noch die nichtzahlenmäßigen Angaben aus den Akten und zur Ergänzung das, was von geeigneten Persönlichkeiten erfragt ist.

I. Geographisch-statistischer Teil.

„Die Grundlage der Verwaltung in Baden bilden die Bezirke. Diese sind bloße Staatsverwaltungsbezirke. Mehrere Bezirke werden zu einem Kommunalverbande unter dem Namen Kreis vereinigt.“[1]) Der Amtsbezirk Heidelberg umfaßt eine Fläche von 347,36 qkm. Unter den 37 dazu gehörigen Gemeinden befinden sich 3 Stadtgemeinden, 33 Landgemeinden und 3 abgesonderte Gemarkungen mit eigener polizeilicher Verwaltung. Die Einwohnerzahl betrug zu Anfang des Jahres 1903 weniger als 500 in 12 Gemeinden, 500—1000 in 13, 1000—2000 in 2, 2000—4000 in 11 Gemeinden und über 20000 in einer Gemeinde, der Stadt Heidelberg. Die Zahl der Gemarkungen betrug 50. Die ortsanwesende Bevölkerung belief sich nach der Zählung vom 1. Dezember 1900 auf 43905 männliche, 46247 weibliche, zusammen 90152 Personen; es kamen daher im Durchschnitt 259,5 Einwohner auf einen Quadratkilometer.[2])

---

[1]) G. Meyer-Anschütz. Lehrbuch des Deutschen Staatsrechts. 6. Auflage. Leipzig 1905. S. 804, Über die Zuständigkeit der Bezirksämter vergl. Schenkel, Das Staatsrecht des Großherzogtums Baden. Handbuch des öffentlichen Rechts. III. Band. Freiburg i. B. und Tübingen 1884. S. 20: „Die Bezirksämter sind in allen Angelegenheiten der inneren Verwaltung, einschließlich des Volksschulwesens, zur örtlichen Anordnung, Überwachung und Zwangsvollziehung zuständig, soweit einzelne Zuständigkeiten dem Ministerium, den Landeskommissären oder den technischen Behörden überwiesen oder den kommunalen Organen der Gemeinden oder Kreise vorbehalten sind“, vergl. auch Affolter, System des badischen Verwaltungsrechts. Karlsruhe 1904. S. 15. Die Amtsbezirke. S. 18. Die Kreisverbände.

[2]) Diese Angaben sind dem Statistischen Jahrbuch für das Großherzogtum Baden, dem vielseitigsten der bundesstaatlichen Jahrbücher (Vierunddreißigster Jahrgang 1903. Karlsruhe 1904), entnommen. Durch seine Reichhaltigkeit er-

Die Angaben des Statistischen Jahrbuches über die Zusammensetzung der Bevölkerung in den Wahlbezirken können für die Beurteilung der Zusammensetzung der Bevölkerung der Amtsbezirke herangezogen werden, obwohl sich Wahl- und Amtbezirk ihrem Umfang nach nicht decken. Die Gemeinde Heidelberg, die einen eigenen Wahlbezirk bildet, zählte am 1. Dezember 1900 43998 Einwohner; unter diesen waren: 27037 Evangelische, 15246 Römisch-katholische, 474 Altkatholiken, 887 Israeliten, 354 Sonstige. Unter der Gesamteinwohnerzahl befanden sich 21053 männliche Personen, von denen wieder 9870 über 25 Jahre alt waren und 619 aktive Militärpersonen. Ein anderer Wahlkreis umfaßt 31 Gemeinden des Amtsbezirks Heidelberg. Er zählte 29623 Ortsanwesende, darunter waren 19363 Evangelische, 10151 Römisch-katholische, 10 Altkatholiken, 65 Israeliten, 34 Sonstige; 14643 waren männlichen Geschlechts, 6287 von ihnen waren über 25 Jahre alt und 8 aktive Militärpersonen. Die übrigen 7 Gemeinden des Amtsbezirks sind mit dem Amtsbezirk Wiesloch zu einem Wahlbezirk vereinigt; besondere Angaben für diese 7 Gemeinden mache ich aber nicht, weil das allgemeine Bild von der Zusammensetzung des Amtsbezirks dadurch wesentlich nicht verändert würde.

Der Amtsbezirk Heidelberg gehört zum Kreise Heidelberg und dieser wieder zum landeskommissarischen Bezirk Mannheim. Es bleibt zu beachten, daß die Einteilung in Kreise im Großherzogtum Baden nicht der im Königreich Preußen entspricht. Die badischen Kreise sind größer, dagegen entsprechen die Amtsbezirke, der Größe nach, ungefähr den preußischen Kreisen. Wenn es sich nun um Vergleiche der Kriminalität badischer Amtsbezirke mit preußischen Kreisen handeln würde, wäre wieder zu beachten, daß die preußischen Kreise dem Umfang nach auch verschieden sind. So sind z. B. die Kreise in der Provinz Hannover unverhältnismäßig klein, was bekanntlich

---

leichtert es jede Arbeit, die statistische Angaben über das Großherzogtum berücksichtigen will. — Am 1. Januar 1903 ist die Gemeinde Handschuhsheim aufgelöst und mit der Stadtgemeinde Heidelberg zu einer einfachen Gemeinde vereinigt worden.

darauf zurückzuführen ist, daß man hier in Ermangelung eines starken Großgrundbesitzes das Institut des Amtsvorstehers nicht einführte, der Landrat mithin zugleich die Funktionen des Amtshauptmannes ausüben muß. Der Kreis Heidelberg umfaßt die Amtsbezirke Eppingen, Heidelberg, Sinsheim und Wiesloch. Heidelberg ist Sitz eines Landgerichts, eines Amtsgerichts und seit dem Jahre 1893 eines Gewerbegerichts für den Stadtbezirk. Letzteres kommt für die Untersuchung nicht in Betracht.

Der Amtsbezirk Heidelberg liegt im nördlichen Teile des Großherzogtums Baden, grenzt an den Amtsbezirk Weinheim, an das Großherzogtum Hessen und an die Amtsbezirke Eberbach, Sinsheim, Wiesloch, Schwetzingen und Mannheim. Er gehört zu 4 Teilen dem Odenwald und zu einem Teil der Rheinebene und dem Hügelland an.[1]) Die Bevölkerung, gegen 95000 Personen, gehört zum fränkischen Volksstamme. Die Bewohner der Ebene nennt man Pfälzer, die des Gebirges Odenwäldler, und die im nördlichen Teile irrtümlich Bauländer. Lenz — er ist seinem Beruf nach Lehrer — sagt über den Charakter der Bevölkerung folgendes: „Der Pfälzer in der Ebene ist tätig und rührig, dabei lebensfroh und zu Lust und Scherz aufgelegt; er ist ein Freund von Neuerungen und schließt sich Fremden leicht an. Der Odenwäldler ähnelt seinen Bergen, ist ernst, ruhig, still, hält fest am Alten, Hergebrachten; er ist für Neuerungen schwer zugänglich. Ernste, fleißige Arbeit stählt seine Kräfte und macht ihn äußerlich etwas rauh; aber ein guter Kern steckt in seinem Innern. Der „Bauländer“ in den südlichen Orten des Amtsbezirks bildet ein Mittelglied zwischen Pfälzern und Odenwäldlern. Er ist heiterer und fröhlicher als der Odenwäldler und ruhiger als der Bewohner der Ebene, dabei aber doch leicht erregbar.“[2]) Derartige verallgemeinernde Charakteristiken ganzer Bevölkerungsgruppen haben m. E. immer den Nachteil, daß sie meist die guten Eigenschaften zu stark hervorheben, und deshalb sind sie mit großer Vorsicht zu gebrauchen. Daß ein nicht ganz unbeträchtlicher Teil der

[1]) Vergl. hierzu: Lenz, Der Amtsbezirk Heidelberg, zweite Auflage nebst kurzer Kreisbeschreibung. Heidelberg 1904. S. 5 ff.

[2]) Lenz a. a. O. S. 25.

Bevölkerung auch weniger lobenswerte Eigenschaften besitzt, geht aus den Angaben über ihre Kriminalität hervor. Es ist ja richtig, daß der Zuzug in hiesiger Gegend in den Landgemeinden nur gering ist, daß die Bevölkerung sich abgeschlossen erhält und gewisse charakteristische Merkmale aufweist, namentlich in den Waldgegenden. Die Leute sind teilweise ernst und ruhig und werden erst durch Alkoholgenuß heiter, und bei anderen wird auf diesem Wege die angestammte Heiterkeit noch erhöht, um sich dann zuungunsten Dritter zu äußern.

Den bevölkerungsstatistischen Daten sind noch die Ergebnisse der Zählung vom Jahre 1900 zugrunde gelegt. Die Gesamtbevölkerung des Amtsbezirks wuchs seit 1895 von 81728 auf 90152, das bedeutet eine Zunahme um 8424 Einwohner. Von den 90152 Personen lebten 48109 in Stadtgemeinden, 42043 in Landgemeinden und zwar 3780 in Gemeinden mit weniger als 500 Einwohnern, 9564 in solchen von 500—1000, 2943 in solchen von 1000—2000, es kamen somit 16287 Personen auf Gemeinden mit weniger als 2000 Einwohner; 73865 auf Gemeinden mit 2000 und mehr Einwohner; von denen lebten 29867 in Gemeinden von 2000—4000 Einwohnern, der Rest von 43998 kam auf Heidelberg. Nur eine fremde Sprache sprachen 566 männliche und 288 weibliche Personen. Es kommen bei diesen Zahlen weniger die Arbeiterbevölkerung in Betracht, wie es in anderen Gegenden der Fall ist, als die in der Stadt Heidelberg lebenden Fremden, namentlich Engländer. Es gab 401 männliche und 1000 weibliche einzellebende Personen, 17805 Haushaltungsvorstände, 13933 Ehefrauen, 3442 häusliche und landwirtschaftliche Dienstboten, 760 gewerbliche, 1463 Gewerbsgehilfen der Haushaltung, 4435 in Wohnung, Kost und Wohnung und in Schlafstelle, 879 Gäste in Gasthäusern usw. Durchschnittlich kamen auf eine gewöhnliche Haushaltung mit Einschluß der Einzellebenden 4,52 Personen und 3,23 Wohnräume, auf einen Wohnraum mithin 1,40 Personen. Es wohnten 7889 im Eigentum, 10101 in Miete oder Untermiete, 16299 mit Küche, 1867 ohne Küche, 1040 mit Anteil an einer Küche. Es verteilten sich 2759 Personen auf eine Haushaltung mit je einem Wohnraum, 6466 auf solche mit je 2, 4335 auf solche mit je 3, 3386 auf solche mit 4 und 5, 1932 auf solche mit 6 bis 10, 328 Personen auf Haushaltungen mit 11 und mehr Wohnräumen. Bei diesen letzteren Zahlen fällt die Zugehörigkeit der Stadt Heidelberg stark ins Gewicht. Auf ein bewohntes Gebäude kamen 2,04 Haushaltungen, 9,46 Personen, 6,81 Wohnräume. Es fanden sich 14327 Ehepaare vor, von denen bei 7889 beide Teile evangelisch, 3299 katholisch, 141 israelitisch waren; bei 1307 Ehen war der Mann evangelisch und die Frau katholisch, bei 1436 war der Mann katholisch und die Frau evangelisch. In 3001 Ehen war die Frau älter als der Mann. Ich habe auf die Anführung dieser Zahlen, die in dieser Ausführlichkeit ein allgemeines Bild von der Zusammensetzung der Bevölkerung geben, nicht verzichten wollen, obwohl sie bei der Beurteilung der Kriminalität des Heidelberger Bezirks nicht von derselben Bedeutung sind wie bei der Untersuchung eines anderen Kreises mit mehr industrieller, vor allen Dingen weniger wohlhabenden Bevölkerung, wo namentlich die Wohnungsfrage eine noch größere Rolle spielt.

Bei all diesen Angaben bleibt immer zu beachten, daß der Durchschnitt durch die Hinzurechnung der Universitäts- und Fremdenstadt kein klares Bild von den Verhältnissen unter der Bevölkerung der ländlichen Gemeinden gibt.

Es arbeiteten und wohnten 2332 männliche und 387 weibliche Personen in den Gemeinden des gleichen Amtsbezirks, 234 männliche und 14 weibliche arbeiteten sonst in Baden, 29 männliche und 2 weibliche außerhalb Badens.[1]) Es arbeiteten 345 männliche und 19 weibliche in Gemeinden des Bezirks, wohnten aber sonst in Baden, 6 wohnten außerhalb Badens. Diese Zahlen erlangen besonders dann ein Interesse, wenn es gilt, festzustellen, ob der Arbeitsort oder der Wohnort als Tatort in Frage kommt. Die Zahl der außerhalb des Arbeitsortes Wohnenden ist, wie die Zahlen angeben, nicht erheblich. Es herrscht natürlich auch in hiesiger Gegend das Bestreben, nach Möglichkeit nicht in der Stádt Heidelberg zu wohnen, — denn diese kommt ja im Amtsbezirk als Arbeitsort in erster Linie

[1]) Hier ist zu bemerken; daß der Amtsbezirk an hessisches Gebiet grenzt.

in Betracht —, sondern auf dem Lande. Am Morgen und Abend kann man sich davon ja auch leicht überzeugen, wie die Arbeiter, namentlich zu Rad, in großer Zahl in die Stadt kommen und sie wieder verlassen. Da nun in hiesiger Gegend für die einheimische Bevölkerung namentlich die Körperverletzung als Delikt in Frage kommt, und, wie unten zu zeigen ist, an Sonn- und Feiertagen und an blauen Montagen hauptsächlich getrunken und geprügelt wird, so würde sich schon daraus ergeben, daß zunächst der Wohnort den Tatort bilden wird, weil die Arbeiter sich an den genannten Tagen mehr zu Hause aufzuhalten pflegen.

Von den im Amtsbezirk im Jahre 1901 geborenen 3669 Kindern waren 580 unehelich. Die Akten ergeben auch im Heidelberger Bezirk, daß ein großer Teil der unehelich geborenen Kinder mit den Gerichten in Berührung kommt. Es starben im gleichen Jahre 2327 Personen, davon 810 im ersten Lebensjahre, von denen wieder 124 unehelich geboren waren. Es erfolgten 1004 Eheschließungen und 56 Ehetrennungen. Es wurden 24 Selbstmorde begangen; Todesfälle infolge von Verbrechen und Vergehen sind für das Jahr 1901 nicht verzeichnet, für das ganze Großherzogtum 59.

Die folgenden Zahlen sollen für die Wohlhabenheit der Landesbevölkerung in hiesiger Gegend sprechen. Die Größe des Ackerfeldes belief sich auf 13388 ha in den Jahren 1901 und 1902, 2595 ha groß war die Wiesenfläche, 259 ha das Rebland, die ganze landwirtschaftliche Fläche belief sich auf 16796 ha, der Wald umfaßte 15983 ha. Es wurden 8261 landwirtschaftliche Betriebe gezählt, von denen 1417 weniger als 20 a bewirtschafteten, 3203 mehr als 20 a—1 ha, 1393 1—2 ha, 1605 2—5 ha, 474 5—10 ha, 163 10—100 ha, und nur 6 Güter erstreckten ihren Betrieb über mehr als 100 ha. Nach Hechts[1]) Angaben repräsentiert ein Besitz von 2—3 ha in der Rheinebene immerhin ein ganz stattliches Vermögen. „Im Durchschnitt kann pro Hektar mittleren Ackerfeldes in der Rheinebene ein

---

[1]) Hecht, Die Badische Landwirtschaft am Anfang des XX. Jahrhunderts. Karlsruhe 1903. S. 32.

Preis von 4000 M. angenommen werden." Von 100 landwirtschaftlichen Betrieben haben 16,2 Anteil am Allmend, 2,69 ha von 100 ha landwirtschaftlicher Fläche seien Allmend im Amtsbezirk Heidelberg. Gemeinden mit großem Allmendbesitz sollen wirtschaftlich, technisch wie kulturell eine gewisse Rückständigkeit aufweisen.[1]) Nebenerwerb neben der Landwirtschaft — es wird auch Tabak (513 ha), Hopfen (187 ha), Zuckerrübe (109 ha) und Wein (240 ha) gebaut — bietet die Tätigkeit im Walde: Holzhauen und Holzmachen gegen Tagelohn, Abführen von Holz für den Gespannbesitzer. Der mittlere Lohn wird in der Kulturzeit für Männer mit 2,04 M., für Frauen mit 1,38 M. angegeben.[2]) Dazu kommt das Sammeln und Verkaufen von Beeren im Walde, was den Umwohnenden freisteht, als recht erheblicher Nebenverdienst.

Den 2102 landwirtschaftlichen stehen 538 gewerbliche Betriebe gegenüber. Die absolute Zahl der Arbeiter in denselben betrug nach Erhebungen vom 1. Oktober 1902 9774; darunter waren 2774 weibliche, 675 jugendliche und 509 männliche über 50 Jahre. Die Anzahl der gewerblichen Betriebe in Baden betrug nach derselben Erhebung 13208, die der Arbeiter 199636, d. h. 10,69% der Gesamtbevölkerung, im Amtsbezirk Heidelberg waren es 10,84%. Von 100 badischen Betrieben kommen 4,1 auf den Amtsbezirk Heidelberg. Von 100 Arbeitern in Baden waren 70,4 männlich, 29,6 weiblich, im Amtsbezirk Heidelberg 71,6 männlich und 28,6 weiblich. Für die Zahl der gewerblichen Betriebe und der Beschäftigten im Amtsbezirk Heidelberg ergibt sich folgende Übersicht:

Einwohnerzahl	Anzahl der Betriebe	Gesamtzahl der Arbeiter			Auf 100 Einwohner entfallen Arbeiter
		m.	w.	zusammen	
90152	538	7005	2774	9774	10,84

[1]) Hecht a. a. O. S. 44. „Über eine Gemeinde mit sehr großem Ackerfeldallmend hat ein genauer Ortskenner folgendermaßen geurteilt: „Heiraten, Allmende erhalten, Arbeiten und Biertrinken ist der ganze Lebenszweck dieser Leute."

[2]) Nach amtlichen Angaben.

Von der Gesamtzahl der Arbeiter sind:

Jugendliche					Erwachsene							
unter 14 Jahren		14—16 J. einschl.		zusammen	über 16—21 J. einschl.		21—50 J. einschl.		über 50 J.		zusammen
m.	w.	m.	w.		m.	w.	m.	w.	m.	w.	
1	14	378	302	695	1359	800	4753	1490	509	168	9079

Von der Gesamtzahl der Betriebe in Baden kommen auf den Amtsbezirk Heidelberg 4,1, von der Gesamtzahl der Arbeiter 4,9. Von 100 Arbeitern sind 71,6 männlich, 28,4 weiblich, 7,1 jugendlich.[1])

Die Dichtigkeit der Arbeiterbevölkerung der einzelnen Amtsbezirke bewegt sich zwischen 25,55 und 0,64%. Pforzheim steht an erster Stelle, Karlsruhe an sechzehnter Stelle mit 10,96%, dann folgt Durlach mit 10,86% und Heidelberg, wie schon erwähnt, mit **10,84**%. Nach der absoluten Zahl der Arbeiter steht Mannheim mit 29070 an der Spitze, es folgen Pforzheim mit 20810, Karlsruhe mit 14655 und dann Heidelberg mit **9774**. Der durchschnittlichen Zusammensetzung von männlichen und weiblichen Arbeitern kommt Heidelberg ziemlich nahe.

Die Zigarrenfabrikation ist im Amtsbezirk Heidelberg ziemlich ausgebreitet. Im Jahre 1900 wurden 49 Fabriken gegen 36 im Jahre 1885 gezählt mit 3194 Arbeitern (2363), das sind 3,55 (3,25)% der Einwohnerschaft. Darunter waren 754 (668) männliche, 2156 weibliche, 284 (304) jugendliche Personen. 971 (663) der weiblichen Personen waren verheiratet.[2]) Wörishoffer[3]) hatte — und das mag für die Beurteilung der Kriminalität, jedenfalls der Sittlichkeit, vielleicht doch nicht ohne Bedeutung sein — die Notwendigkeit des Erlasses allgemeiner Vorschriften für eine Trennung der Geschlechter bei der Arbeit nicht

---

[1]) Vergl. Bittmann, Die Badische Fabrikinspektion im ersten Vierteljahrhundert ihrer Tätigkeit 1879—1903. Ein Rückblick auf die Entwickelung der Industrie, Arbeiterschaft, Arbeiterschutzgesetzgebung und Gewerbeaufsicht. Herausgegeben von der Fabrikinspektion. Karlsruhe 1905.

[2]) Die eingeklammerten Zahlen beziehen sich alle auf das Jahr 1885.

[3]) Bittmann a. a. O. S. 210.

anerkannt. Die Erhebungen hatten ergeben, daß die Wickelmacher weitaus in den meisten Fällen insofern von den Zigarrenmachern abhängig waren, als die Unternehmer den Lohn für die fertigen Zigarren den letzteren auszahlten, die ihrerseits wiederum die Wickelmacher auslohnten. „Bei solchen Arbeitsorganisationen konnte z. B. ein junges Mädchen in ein finanzielles Abhängigkeitsverhältnis zu einem jungen Burschen gesetzt werden, ein Zustand, dessen Bedenklichkeit auch von zahlreichen Arbeitgebern nicht verkannt wurde. Tatsächlich ließ an Orten mit ausgebreiteter Zigarrenindustrie die Sittlichkeit nicht selten zu wünschen übrig.“ Zur Regelung ist am 9. Mai 1888 eine Vorschrift des Bundesrates erlassen.[1]) § 11 lautet: „Die Beschäftigung von Arbeiterinnen und jugendlichen Arbeitern ist nur gestattet, wenn die nachstehenden Vorschriften beachtet werden: 1. Arbeiterinnen und jugendliche Arbeiter müssen im unmittelbaren Arbeitsverhältnis zu dem Betriebsunternehmer stehen. Das Abnehmen und Ablohnen derselben durch andere Arbeiter oder für deren Rechnung ist nicht gestattet. 2. . . . .

Die Vorschrift unter Ziffer 1 findet auf Arbeiter, welche zueinander in dem Verhältnis von Ehegatten, Geschwistern oder von Aszendenten und Deszendenten stehen . . . . keine Anwendung.“ Das Ministerium des Innern hat sich dahin ausgesprochen, daß durch die ergangene Bundesratsvorschrift die im Interesse der Gesundheit und Sittlichkeit in den Zigarrenfabriken zu treffenden Maßnahmen erschöpfende Regelung gefunden hätten.[2])

Neben der Zigarrenindustrie verdient die Industrie der Steine und Erden[3]) Beachtung. Ihre Arbeiter erscheinen häufig vor Gericht. Im Amtsbezirk Heidelberg findet man roten Sandstein, der sich durch hervorragende Härte auszeichnet. Er wird zu Schleifsteinen verwendet und zur Herstellung von säurebeständigen Gefäßen, die mittels Steinsägen hergestellt werden. In Dossenheim befindet sich im Betriebe der Gemeinde ein

---

[1]) In Baden in Geltung seit 1893.

[2]) Bittmann a. a. O. S. 214.

[3]) Vergl. Rahlson, Die badische Industrie der Steine und Erden und ihre Arbeiter. Heidelberg 1903. S. 12.

Porphyrwerk, das ca. 400 Arbeiter beschäftigt, die lediglich aus dem Ort stammen. Außerdem findet sich dort ein größeres Werk mit 120 Arbeitern. Es wird Bahn- und Straßenschotter fabriziert. Rahlson gibt an, daß jährlich mindestens 600000 M. an ca. 700 Arbeiter an Lohn gezahlt werden. Bei Heidelberg, in Leimen, wird der Kalkstein ausgebeutet, es befindet sich dort ein Portland-Zementwerk.

Die Arbeiter dieser Industrien sind vorwiegend ungelernte, sie entstammen zum größten Teil der Landbevölkerung, was sich ja auch schon durch die Lage der Betriebe abseits von der Stadt erklärt. Es sind allerdings auch fremde, italienische und russisch-polnische Arbeiter, angeblich aus Arbeitsmangel, eingestellt worden. Speisen und Getränke werden ihnen zum Selbstkostenpreis verabreicht. Verfehlungen gegen § 115 ff. G.O. kommen meistens nur in Steinbruchbetrieben und Ziegeleien vor.[1]) Beachtenswert ist eine Bemerkung Rahlsons, welcher sagt, daß eine Verlegung des Lohntages wirkungslos gewesen sei, da die Arbeiter dann am folgenden Tage zu feiern pflegten, und der Sonnabend ist deshalb als Zahltag beibehalten. Es ist anzunehmen, daß es den Unternehmern dann schon lieber ist, die Arbeiter feiern am folgenden Sonntag statt an einem Werktage. Gemeinsame Arbeitseinstellungen sind bei den ungelernten Arbeitern nicht vorgekommen. In Dossenheim mit einer Einwohnerzahl von über 2000 Einwohnern hat sich allmählich auch ein Stamm gelernter Arbeiter ausgebildet, so daß Zuzug fremder Arbeiter nicht nötig ist. Die Wohnungsverhältnisse lassen zu wünschen übrig.

Neben der Landwirtschaft wird besonders in Ziegelhausen und Petersthal[2]) die Wäscherei betrieben. Die Lage der Be-

[1]) Rahlson S. 46, vergl. auch Bittmann a. a. S. 227. IX. Das Truckverbot. Lebensmittel können für den Betrag der Anschaffungskosten unter Anrechnung bei der Lohnzahlung verabfolgt werden. Lebensmittel sind Gegenstände, die zur Erhaltung und Ernährung des Körpers dienen, also vorzugsweise Speisen. Unter Anschaffungskosten sind die Einkaufspreise zu verstehen, denen lediglich noch die Transportkosten zugeschlagen werden dürfen, nicht aber Generalunkosten oder sonstige Spesen irgendwelcher Art.

[2]) Kleemann, Die Wäschereidörfer Ziegelhausen und Petersthal. Heidelberg 1905.

schäftigten ist im allgemeinen keine ungünstige, die Kindersterblichkeit trotz der anstrengenden Arbeit der Frauen nicht unverhältnismäßig hoch. Die Löhne bewegen sich für Wäscherinnen zwischen 1 M. und 1,20 M., für Büglerinnen zwischen 1,20 M. und 1,70 M.; sehr geschickte erhalten wohl auch 2 M. Daneben wird Kost, auch Abendessen verabreicht. In Petersthal sind die Löhne etwas höher. Namentlich Ziegelhausen zeichnet sich durch außerordentlich hohen Verbrauch alkoholischer Getränke aus.[1]) Die Wäscherei ist übrigens nicht auf die beiden genannten Orte beschränkt geblieben, sie wird auch schon in Schlierbach, Schönau und Heiligkreuzsteinach und anderen Orten betrieben. Nicht ohne Interesse für die Beurteilung der Bevölkerung im Amtsbezirk Heidelberg ist, was Kappes über die geschlechtlich-sittlichen Verhältnisse gesagt hat.[2]) Es war in 200 evangelischen Landgemeinden Badens über die Unkeuschheit auf dem Lande angefragt worden, aber nur 29 Antworten waren eingelaufen. Das Unterland ist zusammen behandelt, die Berichte sind zusammen verwertet und die Namen der Ortschaften nicht besonders aufgeführt, so daß die Angaben nur mit Vorsicht zu gebrauchen und auf die Verhältnisse des Heidelberger Amtsbezirkes anzuwenden sind. Oft sind sie auch zu allgemein gehalten, um überhaupt Wert beanspruchen zu können. In einem Bericht hat z. B. gestanden: „Besondere sittliche Notstände, außer denen, die überall vorhanden und in der sündlichen Natur der Menschen begründet sind, sind hier nicht zu beklagen.“ Und das soll im allgemeinen für das ganze Unterland gelten. Damit läßt sich

---

[1]) Die Folge davon sind zahlreiche Körperverletzungen, namentlich in Petersthal. „Um diese Gewohnheiten dort auszurotten, straft der Richter die Raufbolde aus Petersthal mit besonderer Strenge.“ Kleemann a. a. O. S. 53. Diebstähle sollen nicht häufig vorkommen, die Wäsche braucht nachts nicht hereingenommen zu werden. — Ziegelhausen ist aber auch ein beliebter Ausflugsort der Heidelberger, die sich an dem Verbrauch alkoholischer Getränke zu beteiligen pflegen.

[2]) Vergl. Wagner, Die geschlechtlich-sittlichen Verhältnisse der evangelischen Landbewohner im Deutschen Reich. II. Band. Neunte Abteilung „Großherzogtum Baden“, bearbeitet von Pfarrer G. Kappes in Fahrenbach bei Mosbach. Leipzig 1896.

schlechterdings nicht viel anfangen. Immerhin lassen sich eine ganze Menge von Untugenden mit dem Hinweis auf die „sündliche Natur des Menschen“ entschuldigen, es kommt nur auf die Auffassung an. Die kleinen Kinder wüßten zu früh solche Dinge, welche ihnen noch lange ein Geheimnis sein sollten. Diesen Eindruck gewinnt man übrigens auch aus den Zeugenaussagen bei den Verhandlungen über Sittlichkeitsdelikte. Aus den nächtlichen Zusammenkünften im Sommer im Freien, im Winter in der Spinnstube entstünde natürlich für die heranwachsende Jugend auch nichts Gutes. Von den Mädchen, die aus den Odenwaldgemeinden in die Städte als Dienstboten gingen, litten gar viele an ihrer Ehre Schiffbruch. Besonders in den Wirtshäusern und bei Juden seien diese Mädchen gefährdet. In einem anderen Bericht hat dann wieder gestanden: „Es kann nicht gesagt werden, daß der Aufenthalt in der Stadt sittlich schädlicher wäre, als das Bleiben im Ort; dienen sie in guter Familie, so hat der auswärtige Dienst nicht selten eine sittlich gute Wirkung.“ Auch andere Berichte widersprechen sich teilweise. „Der Militärdienst wirkt bekanntlich auf die Sittlichkeit der jungen Leute schädlich“, und ein anderer sagt: „Der Militärdienst hat eher guten als schlechten Einfluß“. Nicht genügend begründet erscheint die nachfolgende Äußerung eines evangelischen Pfarrers: „Die aus katholischen Odenwaldorten stammenden Knechte und Mägde stehen sittlich noch tiefer als die eingeborene evangelische Jugend.“ „Vorehelicher Geschlechtsumgang wird für sechs Gemeinden als Sitte bezeichnet; in vier Orten kommt er häufig vor. Aber es stehen dem ebensoviele Gemeinden entgegen, wo er sich selten findet.“ „In der Regel vererbt sich das Laster der Unzucht von Kind auf Kindeskinder“, damit soll gesagt werden, daß die Mütter unehelicher Kinder meist auch nicht verehelichte Mütter hatten. Die meisten unehelichen Kinder würden aber durch nachfolgende Ehe legitimiert. Dies ist ja auch in verschiedenen anderen Gegenden des Reichs der Fall. Die Leute heiraten sich einfach nicht eher, als bis es unbedingt nötig ist. Bisweilen schieben die evangelischen Geistlichen in ihren Berichten Unbequemes, was man nur vom Hörensagen weiß, auf die Katholiken, — der eigentliche badische Odenwald habe wenig evangelische Bevölkerung, heißt es an einer Stelle (vergl. S. 360), wo eine allerdings frivole Äußerung wiedergegeben wird; da nimmt man dann an, ein Katholik habe sie getan. Als besonders schlimme Sitte sieht man den gemeinsamen Wirtshausbesuch der männlichen und weiblichen Jugend in den Odenwalddörfern an den Sonntagen an. Bis zur Polizeistunde und darüber hinaus höre man da schmutzige Lieder und gemeines Gelächter. Man sieht, die evangelischen Geistlichen beurteilen den Charakter der Odenwäldler anders, wie der Lehrer Lenz in seinem oben erwähnten Buche. Dem sind die Bewohner des Odenwaldes ernst wie jene Berge, ruhig und still vorgekommen, und er glaubt beobachtet zu haben, daß ihre Kräfte durch ernste, fleißige Arbeit gestählt seien. Wer Zeugenaussagen von Geistlichen und Lehrern vor Heidelberger Gerichten gehört hat, weiß, daß sie nicht alle gleich günstig oder ungünstig über ihre Gemeindemitglieder denken. Mir ist besonders aufgefallen, mit welcher Härte sie oft über die ihrer Erziehung anvertrauten Kinder urteilen. Der Wert ihrer Aussagen steht vielfach in keinem Verhältnis zu der Selbstgefälligkeit, mit der sie vorgetragen werden. Dieselbe Beobachtung konnte ich bei der Durchsicht von nicht-badischen Verwaltungsakten betr. Fürsorgeerziehung, machen.

Die Durchschnittszahl der Kinder betrage allgemein 4—5 bei Bauern, 5—6 bei Arbeitern. Das Zweikindersystem sei nicht üblich, Abweichungen fänden sich allerdings in den reicheren Familien. Wilde Ehen seien selten. Die Wohnungsnot zwinge häufig dazu, daß erwachsene Brüder und Schwestern ein gemeinsames Schlafgemach teilen müssen. Geklagt wird mit Recht über die vielen Wirtshäuser, die sich an allen Orten finden. Gemeinsame Beschäftigung beider Geschlechter findet beim Schälen der Eichenlohrinde, bei der Getreide- und Hopfenernte und in den Zigarrenfabriken statt. „In dieser Gesellschaft werden die Mädchen frech und aufdringlich“, sagt ein Berichterstatter. Bemerkenswert ist eine Äußerung, wonach die Urteile durch das Landgericht mehr gefürchtet seien als die durch das Schwurgericht. Der Bericht schließt mit den Worten: „Eine Vergleichung der sittlichen Zustände in katholischen Gemeinden mit denen der evangelischen Gemeinden fällt überall zuungunsten der ersteren aus, schon deshalb, weil es dort, trotz der Zucht des Beichtstuhls, eben nicht besser ist. Aber es ist oft geradezu schlimmer, da die Zahl der unehelichen Geburten eine größere ist."

Gegen diesen Schlußsatz wäre zunächst einzuwenden, daß die evangelischen Geistlichen, wie aus ihren Berichten hervorgeht, doch nur eine unvollkommene Vorstellung von den sittlichen Zuständen ihrer eigenen Gemeinden haben, füglich also zu einem so absprechenden Urteil über katholische Gemeinden ohne nähere Begründung nicht berechtigt erscheinen. Die Zahl der unehelichen Geburten als Maßstab für die Sittlichkeit zu nehmen, dürfte nicht immer glücklich sein; ihre niedere Zahl kann unter Umständen der Maßstab für eine recht entwickelte Kriminalität sein.[1])

---

[1]) Recht interessant sind die Mitteilungen, die Dr. Fuchs in seiner 1904 erschienenen Schrift über „Die Verhältnisse der Industriearbeiter in 17 Landgemeinden bei Karlsruhe" S. 214 macht. Er sagt, die Geistlichen seien in ihrem Urteil darin einig, daß die Zahl der unehelichen Geburten von der zunehmenden Industrialisierung nicht ungünstig beeinflußt worden sei, daraus dürfe aber nicht auf den Stand der Sittlichkeit geschlossen werden. Er kommt zu dem Schluß, daß die Sittlichkeit der Arbeiterbevölkerung nicht schlechter sei als die der bäuerlichen; sie sei wohl auch nicht schlechter geworden als sie früher war, sie ließe aber recht viel zu wünschen übrig. In den stark industriellen Gemeinden lasse sich nach Aufhebung der Bestimmungen, die in den fünfziger und sechziger Jahren die Ehe erschwerten, eine bemerkenswertere Abnahme der unehelichen Geburten feststellen als in anderen Gemeinden.

II. Kriminalpolitischer Teil.

1. Über die Kriminalität des Kreises Heidelberg.

Wenn auch die amtliche Kriminalstatistik für die badischen Amtsbezirke keine gesonderten Ziffern enthält, so kann man namentlich im vorliegenden Falle zu einem allgemeinen Überblick gelangen, wenn man den Veröffentlichungen der Reichskriminalstatistik die Ziffern entnimmt, die sich auf die Kreise beziehen, zu denen der betreffende Amtsbezirk gehört. Der Kreis Heidelberg umfaßt die Amtsbezirke Eppingen mit 18 500 Einwohnern, Sinsheim mit 35 000, Heidelberg mit 95 000 und Wiesloch mit 25 000 Einwohnern.[1]) Der Amtsbezirk Heidelberg zählt demnach mehr Einwohner als die drei anderen Amtsbezirke zusammen. Es könnte daher auch daraufhin schon unbedenklich angenommen werden, daß der größere Teil der begangenen Verbrechen und Vergehen auf diesen Amtsbezirk fällt.

Entnimmt man den betreffenden Bänden der Reichs-Kriminalstatistik für die Jahre 1899 bis 1903[2]) die Angaben, die nur vier große Gruppen unterscheiden und dann einen Gesamtüberblick geben, so erhält man für den Kreis Heidelberg die folgende Zusammenstellung über die letzten fünf Jahre.

Aus dieser Übersicht über die Entwickelung der Kriminalität im Kreise Heidelberg in den letzten fünf Jahren geht hervor, daß in bezug auf die Verbrechen und Vergehen gegen die

---

[1]) Auch hier sind die Angaben der Zählung vom Jahre 1900 noch beibehalten.

[2]) Statistik des Deutschen Reiches. N. F. Band 132 Kriminalstatistik 1899, Band 139 Kriminalstatistik 1900, Band 146 Kriminalstatistik 1901, Band 156 Kriminalstatistik 1902, Band 162 Kriminalstatistik 1903.

Verbrechen und Vergehen	Jahr	Rechtskräftige Verurteilungen: Handlungen	Rechtskräftige Verurteilungen: Personen	Es wurden verurteilt wegen: einer Handlung	Es wurden verurteilt wegen: zwei od. mehrerer Handlungen derselben oder verschiedenen Art	Unter den Verurteilten waren Vorbestrafte	Jugendliche (12 bis unter 18 Jahr alt): überhaupt	Jugendliche: darunt. weibl.	Erwachsene (18 und mehr Jahr alt): überhaupt	Erwachsene: darunt. weibl.	Christen: überhaupt	Christen darunter: evangelisch	Christen darunter: katholisch	Juden	unbekannter Religion
						Besondere Angaben über die verurteilten Personen	Alter (zur Zeit der Tat) und Geschlecht — Von den Verurteilten waren				Religion zur Zeit der Tat				
Verbrechen u. Vergehen gegen d. Staat, öffentl. Ordn. und Religion	1899	251	250	218	32	109	1	—	249	15	238	147	89	10	2
	1900	237	221	197	24	108	5	—	216	35	207	108	99	6	8
	1901	311	295	250	45	137	5	—	290	26	284	166	117	4	7
	1902	327	311	270	41	178	8	—	303	28	306	172	134	4	1
	1903	317	297	234	63	158	6	—	291	26	292	173	119	3	2
Verbrechen u. Vergehen gegen die Person	1899	678	794	755	39	334	77	—	717	21	786	485	301	6	2
	1900	689	800	758	42	359	74	—	726	19	791	467	322	9	—
	1901	716	829	763	66	402	86	—	743	28	826	523	303	2	1
	1902	700	802	744	58	363	59	1	743	33	797	541	256	3	2
	1903	801	850	745	105	452	49	1	801	30	842	511	330	8	—
Verbrechen u. Vergehen gegen das Vermögen	1899	746	560	438	122	271	119	30	441	71	552	314	237	6	2
	1900	696	537	445	92	266	103	19	434	67	528	291	235	6	3
	1901	676	508	400	108	244	89	21	419	88	502	307	195	4	2
	1902	670	582	478	104	282	121	30	461	72	571	327	244	8	3
	1903	811	582	470	112	309	99	16	483	98	576	338	238	3	3
Verbrechen u. Vergehen im Amte	1899	9	9	8	1	4	—	—	9	2	9	6	3	—	—
	1900	4	4	3	1	—	—	—	4	1	4	2	2	—	—
	1901	2	2	1	1	1	—	—	2	—	2	1	1	—	—
	1902	6	4	2	2	—	—	—	4	—	4	—	4	—	—
	1903	13	10	7	3	—	—	—	10	—	10	6	4	—	—
Summe d. Verbrechen und Vergehen gegen Reichsgesetze überh.	1899	1684	1613	1419	194	718	197	30	1416	109	1585	952	630	22	6
	1900	1626	1562	1403	159	733	182	19	1380	122	1530	868	658	21	11
	1901	1705	1634	1414	220	784	180	21	1454	142	1614	997	616	10	10
	1902	1703	1699	1494	205	823	188	31	1511	133	1678	1040	638	15	6
	1903	1942	1739	1456	283	919	154	17	1585	154	1720	1028	691	14	5

Person ein gleichmäßiges Fortschreiten der Kriminalitätsziffer zu bemerken ist, was an sich wenig auffällt, wenn man die Zunahme der Bevölkerungsziffer berücksichtigt. Im Jahre 1903 zeigte sich aber gegenüber dem Vorjahre eine beachtenswerte Zunahme der rechtskräftigen Verurteilungen, die Zahl der verurteilten Handlungen hat um 101 zugenommen, die Zahl der verurteilten Personen nur um 48, die Zahl der Vorbestraften um 98. Es kann mit allem Vorbehalt, da zum großen Teil hier Angehörige der minderbemittelten Klasse in Frage kommen, angenommen werden, daß mit dem Nachlassen der wirtschaftlichen Depression eine bessere Beschäftigung eingetreten ist, und daß als Folge des reichlicheren Verdienstes eine Zunahme der Verbrechen und Vergehen gegen die Person anzusehen ist.

Die Zahl der Verbrechen und Vergehen gegen das Vermögen war in den Jahren 1900, 1901 und 1902 gesunken, schnellte dann aber im Jahre 1903 über den Stand im Jahre 1899 noch erheblich empor. Wenn man die Zahl der Vermögensdelikte nun ebenfalls mit der Wirtschaftskrise in Verbindung bringen will, müßte man sagen, daß trotz besserer Beschäftigung in der Industrie eine Zunahme der Vermögensdelikte zu verzeichnen ist. Ich führe dies nur an, um zu zeigen, daß die vielfach vertretene Ansicht, eine wirtschaftliche Depression führe zur Vermehrung der Vermögensdelikte, vermindere dagegen die Verbrechen und Vergehen gegen die Person, durch die vorstehenden amtlichen Angaben nicht begründet werden kann.

Auf Grund der gesonderten Angaben des Kaiserlichen statistischen Amtes über die einzelnen Verbrechen und Vergehen gegen Reichsgesetze nach dem Ort der Tat habe ich für den Kreis Heidelberg die Ziffern über die häufigeren Delikte zusammengestellt. Eine Übersicht über fünf Jahre erschien mir hinreichend. Auf diese Weise sind die schwereren, aber selteneren Verbrechen unberücksichtigt geblieben, Fälle, die für die Gesamtkriminalität nicht ausschlaggebend sind, weil sie in gleicher oder ähnlicher Art überall vorkommen können.[1])

---

[1]) Von einer Einsicht in die Akten des Schwurgerichtes in Mannheim habe ich deshalb abgesehen. Die Zahl der Fälle, die an das Schwurgericht verwiesen werden, läßt sich übrigens aus den Listen der Staatsanwaltschaft auszählen.

Vergehen und Verbrechen	Jahr	Rechtskräftige Verurteilungen: Handlungen	Rechtskräftige Verurteilungen: Personen	Es wurden verurteilt wegen: einer Handlung	Es wurden verurteilt wegen: zwei oder mehrerer Handlungen	Unter den Verurteilten waren vorbestraft	Jugendliche (12 bis unter 18 Jahre alt): überhaupt	Jugendliche: darunt. weibl.	Erwachsene (18 und mehr Jahre alt): überhaupt	Erwachsene: darunt. weibl.	Christen: überhaupt	Christen darunter: evangelisch	Christen darunter: katholisch	Juden	unbekannter Religion
Gewalt und Drohung gegen Beamte	1899	61	67	41	26	35	—	—	67	—	67	47	20	—	—
	1900	42	32	17	15	20	4	—	28	1	32	15	17	—	—
	1901	72	70	35	35	44	—	—	70	—	70	32	37	—	—
	1902	61	53	24	29	41	1	—	52	1	53	28	25	—	—
	1903	65	48	14	34	38	—	—	48	—	48	29	19	—	—
Hausfriedensbruch	1899	63	61	59	2	24	—	—	61	6	61	35	26	—	—
	1900	76	73	69	4	43	1	—	72	8	71	34	37	2	—
	1901	115	102	101	1	53	3	—	99	4	100	59	41	—	2
	1902	102	91	87	4	55	5	—	86	3	89	42	47	2	—
	1903	116	112	99	13	68	3	—	109	8	112	66	46	—	—
Unzucht mit Gewalt an Bewußtlosen, Kindern, Notzucht	1899	21	18	13	5	10	3	—	15	—	18	12	6	—	—
	1900	25	18	13	5	11	2	—	16	—	17	6	11	1	—
	1901	19	12	9	3	7	—	—	12	—	12	7	5	—	—
	1902	29	21	17	4	11	4	—	17	—	20	11	9	1	—
	1903	27	18	11	7	11	2	—	16	—	17	5	12	1	—
Kuppelei und Zuhälterei	1899	9	7	6	1	6	—	—	7	3	7	3	4	—	—
	1900	—	—	—	—	—	—	—	—	—	—	—	—	—	—
	1901	3	3	2	1	2	—	—	3	1	3	1	2	—	—
	1902	10	11	10	1	7	—	—	11	4	11	6	5	—	—
	1903	8	9	9	—	5	1	—	8	—	9	4	5	—	—
Beleidigung	1899	167	133	132	1	58	1	—	132	11	130	85	45	2	1
	1900	150	130	127	3	68	3	—	127	7	126	67	59	4	—
	1901	164	136	132	4	61	2	—	134	15	133	94	39	2	1
	1902	169	131	119	12	49	3	1	128	11	130	79	51	1	—
	1903	162	111	106	5	55	—	—	111	9	109	64	45	2	—

Vergehen und Verbrechen	Jahr	Rechtskräftige Verurteilungen: Handlungen	Rechtskräftige Verurteilungen: Personen	Es wurden verurteilt wegen einer Handlung	Es wurden verurteilt wegen zwei oder mehrerer Handlungen	Unter den Verurteilten waren vorbestraft	Jugendliche (12 bis unter 18 Jahre alt) überhaupt	Jugendliche darunt. weibl.	Erwachsene (18 und mehr Jahre alt) überhaupt	Erwachsene darunt. weibl.	Christen überhaupt	Christen darunter evangelisch	Christen darunter katholisch	Juden	unbekannter Religion
Leichte Körperverletzung	1899	28	28	25	3	11	1	—	27	1	28	13	15	—	—
	1900	20	20	19	1	9	—	—	20	1	20	11	9	—	—
	1901	15	17	15	2	4	—	—	17	1	17	10	7	—	—
	1902	15	15	15	—	6	1	—	14	—	15	9	6	—	—
	1903	24	23	18	5	11	1	—	22	—	22	13	9	1	—
Gefährliche Körperverletzung	1899	373	535	515	20	217	71	—	464	4	532	329	203	2	1
	1900	407	551	524	27	232	64	—	487	10	550	332	217	1	—
	1901	439	598	548	50	295	81	—	517	10	598	375	223	—	—
	1902	395	554	525	29	259	48	—	506	16	551	389	162	1	2
	1903	439	574	506	68	304	40	—	534	11	572	358	213	2	—
Schwere Körperverletzung	1899	4	4	4	—	2	—	—	4	—	4	—	4	—	—
	1900	3	3	2	1	2	—	—	3	—	3	2	1	—	—
	1901	2	2	2	—	1	—	—	2	—	2	1	1	—	—
	1902	1	1	1	—	—	—	—	1	—	1	1	—	—	—
	1903	2	3	2	1	1	1	—	2	—	3	1	2	—	—
Nötigung und Bedrohung	1899	52	41	34	7	24	—	—	41	—	41	28	13	—	—
	1900	52	42	38	4	25	3	—	39	1	42	28	14	—	—
	1901	41	28	25	3	18	1	—	27	—	28	15	13	—	—
	1902	47	40	31	9	21	1	—	39	—	40	27	13	—	—
	1903	103	63	51	12	47	2	—	61	1	63	35	28	—	—
Einfacher Diebstahl	1899	217	186	154	32	78	64	22	122	33	186	113	73	—	—
	1900	191	170	146	24	63	49	14	121	29	168	91	76	1	1
	1901	178	163	127	36	60	45	15	118	30	161	99	62	1	1
	1902	193	176	146	30	62	65	22	111	25	172	86	86	4	—
	1903	213	161	135	26	67	45	13	116	33	159	91	68	2	—

Einfacher Diebstahl im wiederholten Rückfall	1899	32	25	17	8	25	1	—	24	8	25	12	13	—	—
	1900	45	23	13	10	23	2	—	21	5	23	14	9	—	—
	1901	45	35	26	9	35	—	—	35	4	35	19	16	—	—
	1902	36	28	23	5	28	2	1	26	5	28	14	14	—	—
	1903	63	30	24	6	30	2	—	28	6	30	16	14	—	—
Schwerer Diebstahl	1899	28	25	14	11	7	12	—	13	2	25	7	18	—	—
	1900	—	—	—	—	—	—	—	—	—	—	—	—	—	—
	1901	29	25	17	8	16	7	—	18	—	25	15	10	—	—
	1902	24	29	20	9	19	8	1	21	1	29	19	10	—	—
	1903	28	23	14	9	9	15	—	8	2	23	16	7	—	—
Schwerer Diebstahl im wiederholten Rückfall	1899	14	9	3	6	9	3	—	6	1	9	4	5	—	—
	1900	16	10	6	4	10	—	—	10	—	10	6	4	—	—
	1901	19	9	6	3	9	—	—	9	—	9	7	2	—	—
	1902	9	8	5	3	8	—	—	8	—	8	5	3	—	—
	1903	13	13	7	6	13	—	—	13	2	13	6	7	—	—
Unter-schlagung	1899	119	87	77	10	46	9	3	78	12	86	47	38	1	—
	1900	87	67	65	2	39	10	2	57	6	67	36	31	—	—
	1901	86	51	43	8	29	8	2	43	5	51	36	15	—	—
	1902	116	79	73	6	42	9	—	70	7	78	42	36	—	1
	1903	84	66	63	3	42	9	1	57	5	65	38	27	—	1
Betrug	1899	145	83	53	30	41	10	5	73	7	82	49	33	1	—
	1900	109	62	52	10	38	7	2	55	8	58	36	22	2	2
	1901	105	56	32	24	34	7	3	49	12	55	32	23	—	1
	1902	76	57	42	15	35	5	4	52	7	54	31	23	3	—
	1903	177	94	60	34	64	6	1	88	9	91	50	41	1	2
Betrug im wiederholten Rückfall	1899	35	9	5	4	9	—	—	9	1	7	5	2	1	1
	1900	58	24	10	14	24	1	1	23	1	24	8	16	—	—
	1901	32	11	9	2	11	—	—	11	1	11	7	4	—	—
	1902	32	19	10	9	19	—	—	19	2	18	7	11	—	1
	1903	44	13	8	5	13	—	—	13	3	13	8	5	—	—
Sach-beschädigung	1899	75	69	61	8	29	12	—	57	—	68	37	31	—	1
	1900	63	79	71	8	27	19	—	60	3	77	34	43	2	—
	1901	87	81	72	9	33	16	1	65	2	80	41	39	1	—
	1902	71	75	62	13	30	18	—	57	3	74	43	31	1	—
	1903	79	76	60	16	38	14	—	62	2	76	43	33	—	—

Zu dieser Tabelle ist noch hinzuzufügen, daß in den genannten Jahren nur wenig oder gar keine Fälle von Totschlag, Abtreibung, Wucher, Brandstiftung, falscher Anschuldigung fahrlässiger Tötung, Erpressung, Raub und räuberischer Erpressung auch im Rückfalle, fahrlässiger Gefährdung eines Eisenbahntransportes, Begünstigung und fahrlässiger Körperverletzung zur Anzeige gelangt sind, so daß sie in die Tabelle nicht aufgenommen zu werden brauchten. Aus der Zusammenstellung geht zunächst gleich hervor, daß der einfache Diebstahl und die gefährliche Körperverletzung, deren hohe Ziffern für den Kreis Heidelberg sofort in die Augen fallen, im wesentlichen auch die Kriminalität des Amtsbezirkes Heidelberg bestimmen müssen.

Wenn man die in der Tabelle aufgeführten Zahlen, die ja für den Kreis Heidelberg gelten, einer allgemeinen Beurteilung der Kriminalität des Amtsbezirkes Heidelberg zugrunde legt, so ergeben sich besonders hohe Ziffern für Hausfriedensbruch, Beleidigung, Unterschlagung und Betrug neben den schon erwähnten einfachen Diebstählen und gefährlichen Körperverletzungen. Dies hat sich auch bei der Durchsicht der Akten als zutreffend erwiesen, und auch aus der Anzeigen-Tabelle D.[1]) der Staatsanwaltschaft läßt sich ersehen, daß von 2546 im Jahre 1903 neu eingetragenen Fällen nur 400 nicht auf den Amtsbezirk Heidelberg als Ort der Tat fallen, und von diesen 400 Fällen kommen noch etwa 20 auf die Amtsbezirke Neckarbischofsheim, Schwetzingen, Mannheim, Karlsruhe, Freiburg etc. Die vorstehenden Tabellen können danach m. E. unbedenklich als Grundlage für eine Übersicht über die Kriminalität des Amtsbezirkes Heidelberg dienen.[2])

Die in den Tabellen nicht mit aufgeführten Verbrechen und Vergehen zeigen in der Art ihrer Ausführung keine für die einheimische Bevölkerung besonders charakteristischen Merkmale. Hierher gehören auch die Raubanfälle in unmittelbarer

---

[1]) Auf die Bedeutung dieser Tabelle komme ich später noch zurück.

[2]) Eine Durchsicht der Tabelle D. hat ergeben, daß in etwa 1000 Fällen das Verfahren aus verschiedenen Gründen eingestellt werden mußte.

Nähe der Stadt auf allein spazierengehende Damen, die gerade in den letzten Jahren starken Unwillen hervorriefen und den Ruf Heidelbergs als Fremdenstadt zu schädigen geeignet waren. Zur Rechenschaft konnte man diese Täter vielfach nicht ziehen, denn sie waren nicht immer ausfindig zu machen. So erregte es vor einigen Jahren Aufsehen, daß eine Prostituierte in unmittelbarer Nähe der Stadt ermordet wurde, wahrscheinlich von einem Individuum, mit dem sie sich tagsüber herumgetrieben hatte, das von Ansehen durchaus nicht unbekannt war; aber auch ihn konnte man nicht fassen. Diese Fälle sprechen für das Raffinement der Täter, aber man wird sie der einheimischen Bevölkerung nicht ohne weiteres zur Last legen können, es ist auch hier vielmehr anzunehmen, daß es sich um durchziehende Elemente handelt. Die Sittlichkeitsverbrechen, namentlich an Kindern, werden in derselben Weise ausgeführt wie an anderen Orten. Die Täter sind meist ältere Leute. Sittlichkeitsvergehen kommen auch hier erheblich öfter vor, als die amtlichen Zahlen vermuten lassen. Oft erfolgt Freisprechung, weil der Täter für unzurechnungsfähig erklärt werden mußte oder nicht genügende Beweise gegen ihn vorlagen. Die Zeugenaussagen, auch die der weiblichen Zeugen, namentlich aus den ländlichen Gemeinden, lassen oft erkennen, daß der Bevölkerung vielfach das Verständnis für die betreffende Tat einfach fehlt. Der Gedanke, daß durch eine derartige Tat eine nicht nur körperliche Schädigung des Kindes hervorgerufen werden könnte, scheint ihnen nicht sehr nahe zu liegen.[1])

Aschaffenburg hebt richtig hervor, daß die gewonnenen Eindrücke um so fester haften, je mehr die unvermeidlichen Vernehmungen zur Fixierung der Vorstellungen beitragen. Die Wirkungen auf das kindliche Gemüt sind gewiß sehr große. Die Kinder machen ihre Aussagen auch vor Gericht mit einer verblüffenden Sicherheit und ohne allzu große Befangenheit, woraus man schließen kann, wie sehr sich das Kind, Berufene und Unberufene mit dem Vorgang beschäftigt haben. Wie oft hat

---

[1]) Vergl. Aschaffenburg, Zur Psychologie der Sittlichkeitsverbrechen. M. Schr. Krim. Psych. II S. 411.

solch ein Kind wohl den Vorgang erzählen müssen, und wie eingehend ist es für seine Aussagen vor dem Gerichtshof vorbereitet. Ich glaube auch, daß der Einfluß eines Sittlichkeitsverbrechens auf die Entwickelung eines Kindes, auch wenn es in „ländlich-sittlichen" Verhältnissen aufgewachsen ist, nicht hoch genug veranschlagt werden kann.

Die Bestrafungen wegen Kuppelei und Zuhälterei geben ebenfalls nicht annähernd ein Bild von dem Treiben der Dirnen und Zuhälter in Heidelberg und Umgegend, obwohl zugegeben werden muß, daß mit der Wiedereinführung des Wohnungszwanges der Dirnen in einer bestimmten Straße darin eine gewisse Besserung eingetreten ist.

Daß so hohe Kriminalitätsziffern erreicht werden, liegt zum Teil an dem recht ausgebreiteten Vagantentum. Für Bettler und Vagabunden ist Heidelberg eine geschätzte Durchgangsstation. Hierher kommen sie von Mannheim, von Mainz, Darmstadt und ziehen nach Karlsruhe, Stuttgart, Basel etc. Namentlich findet zwischen Mannheim und Heidelberg ein reger Wechsel statt, was sich aus den Strafregistern leicht nachweisen läßt.

2. Über die Kriminalität im Amtsbezirk Heidelberg.

a) Gesamtüberblick.

Da die Reichskriminalstatistik nur die Verbrechen und Vergehen, nicht die Übertretungen berücksichtigt, kann die Einzeluntersuchung hier ergänzend eingreifen. Einen Überblick über die Häufigkeit der Übertretungen bieten die amtlichen Angaben über die Tätigkeit des Bezirksamtes Heidelberg in Übertretungssachen.[1])

Das Jahr 1900 weist eine Erhöhung der Zahl der Anzeigen auf, die Zahl der Angezeigten ist in den drei Jahren gestiegen.

Die nachfolgende Tabelle enthält, aus der Gesamtziffer gesondert, die Zahl der Personen, die wegen bezirksamtlich anhängig

---

[1]) Zusammengestellt aus den betreffenden Jahrgängen des Statistischen Jahrbuchs. Der zuletzt im Jahre 1904 erschienene Jahrgang enthält die Angaben für 1901.

Übertretungen.

	Bei dem Bezirksamt Heidelberg anhängig gewordene Übertretungen												Von den Bürgermeistern erledigte Polizeianzeigen									
	Erledigte Übertretungen								Unerledigte Übertretungen		Erkannte Strafen gegen die einzelnen Personen (Fälle)		Zahl der Anzeigen				Von den beteiligten Personen wurden					
	Zahl der		Die Anzeigen gegen die einzelnen Personen erledigt durch														durch das Bürgermeisteramt		durch die höhere Polizeibehörde (Bezirksamt) aufgehobene Beschwerde		durch gerichtliche Entscheidung auf Einsprache	
					Entscheidung der höheren Polizeibehörde		gerichtliches Urteil															
	Anzeigen	Angezeigten	Einstellung des Verfahrens	polizeiliche Strafverfügung	Bestrafte	Straffreie	Verurteilte	Freigesprochen	Anzeigen	Angezeigte	Haft	Geld	wegen Feldfrevels	wegen sonstigen Übertretungen	zusammen	Beteiligte Personen	endgültig bestraft	nicht bestraft	bestraft	für straffrei erklärt	verurteilt	freigesprochen
1901	6326	6491	389	5971	39	—	43	49	115	117	659	5394	3413	2381	5794	6630	6215	321	52	28	7	7
1900	6373	6376	415	5867	28	—	39	27	109	109	594	5340	3778	2562	6340	7318	6946	313	39	18	1	1
1899	6223	6264	520	5670	22	—	40	12	116	116	559	5172	3640	2430	6070	6661	6256	346	36	18	3	2

gewesenen Übertretungen der Bestimmungen der Ordnungs- und Sittenpolizei bestraft wurden.

Es wurden bestraft wegen Verletzung der Bestimmungen der:

	Ordnungspolizei.			Sittenpolizei.[1]			
		Davon			Davon		
	im ganzen	Bettel und Landstreicherei (§ 361 Ziff. 3 u. 4 R.St.G.B.	Sonstiges (§§ 41—68 P. St.G.B. § 360 Ziff. 1—8, 10, 11, § 361 Ziff. 1, 2, 5, 7, 8, §§ 363, 364, 365, 367 Ziff. 9 u. 10, § 370 Ziff. 3 R.St.G.B. § 13 Vereinsgesetz. §§ 8 u. 19 Armenpflegegesetz)	im ganzen	gewerbsmäßige Unzucht und Zuwiderhandlungen gegen die nach § 361 Ziff. 6 R.St.G.B. erlassenen polizeilichen Vorschriften	uneheliches Zusammenleben	Sonstiges (§§ 70, 71, 74—79. P. St.G.B. § 360 Ziff. 13, 14, § 361 Ziff. 9, § 366 Ziff. 1, § 367 Ziff. 16 R.St.G.B. § 2 Gesetz vom 18. II. 1874, Fortbildungsunterricht betreffend)
1901	3020	319	2701	270	69	18	183
1900	2831	241	2590	291	28	8	255
1899	2887	162	2725	284	44	34	206

Die Ausübung gewerblicher Unzucht ist in Baden dahin geregelt, daß die betreffenden Frauenspersonen sich beim Bezirksamte zu melden und darum zu bitten haben, unter Kontrolle gestellt zu werden. Sie werden dann eingetragen, erhalten die ortspolizeilichen Vorschriften eingehändigt und werden darauf aufmerksam gemacht, daß sie von der Liste wieder gestrichen werden, wenn sie nachgewiesenermaßen mit „Zuhältern" verkehrt haben und des öfteren wegen Übertretung der

[1]) Vergl. Schenkel a. a. O. S. 33. „Was die Überwachung der Gewerbe angeht, welche zu Verletzungen der Sittlichkeit Anlaß geben können (z. B. Schaustellungen, Wirtschaften), so gelten im wesentlichen die reichsgesetzlichen Bestimmungen. Daneben sind zum Schutze der öffentlichen Sittlichkeit eine Anzahl landesgesetzlicher Vorschriften in Geltung; insbesondere zählt hierher das Verbot der Tierquälerei, das Einschreiten gegen Betrunkene, gegen uneheliches Zusammenleben, die Überwachung der Tanzbelustigungen, die Beschränkung der Lotterien und Glückspiele, der Schutz der Sonn- und Feiertagsheiligung."

Kontrollvorschriften oder sonstwie zu strafendem Einschreiten Anlaß geben sollten. Eine Durchsicht der Akten des Bezirksamtes, insbesondere der Personalakten der Dirnen, hat keinen Anlaß zn eingehenderen Ausführungen gegeben. Der Aktenbestand ist ein recht beträchtlicher und enthält interessante Angaben über die Herkunft, die Vorstrafen und die häufige Änderung des Aufenthaltsortes dieser Personen. Es handelt sich aber meistens um Zugezogene, seltener um Einheimische.

Der § 72 des badischen P.St.G.B., der eine Bestrafung des außerehelichen Zusammenlebens[1]) vorsieht, lautet: „Personen, welche in außerehelicher Geschlechtsverbindung zusammenleben, sind an Geld bis zu 100 Mark oder mit Haft bis zu 14 Tagen zu bestrafen und voneinander zu trennen.“ Bestrafungen erfolgen aber, wie aus der Tabelle hervorgeht, nur selten.

Die Zahl der wegen Bettelei und Landstreicherei Bestraften ist, wie sich aus der Tabelle erkennen läßt, im Steigen geblieben. Natürlich geben auch diese Zahlen keine Vorstellung von der Zahl der Vaganten, die sich namentlich im Sommer vorübergehend in Heidelberg aufhalten. Diese Übersicht kann noch vervollständigt werden durch einige Mitteilungen über die Tätigkeit der Sicherheitspolizei.[2]) Für die Stadt Heidelberg waren

---

[1]) „Das außereheliche Zusammenleben von Personen verschiedenen Geschlechts (Konkubinat) ist gesetzlich nur insoweit verboten, als diesen die Eheschließung wegen begangenen Ehebruchs untersagt ist. Es soll indes durch polizeiliche Zwangsmaßregeln auch da verhindert werden, wo es zu einem öffentlichen Ärgernis Anlaß gibt.“ Graf Hue de Grais, Handbuch der Verfassung und Verwaltung in Preußen und dem Deutschen Reich. 17. Auflage. Berlin 1906. S. 351. Hier ist verwiesen auf G.O. §§ 62 Abs. 5 und § 63 Abs. 2.

[2]) Vergl. Schenkel a. a. O. S. 31. „Mit dem Schutze der öffentlichen und individuellen Sicherheit ist teils eine staatlich organisierte Mannschaft der Landespolizei, die Gendarmerie, und für die acht größeren Städte auch ein staatlich organisiertes Ortspolizeipersonal, die Schutzmannschaft, teils das von den Gemeinden anzustellende Personal der Ortspolizeidiener, Nachtwächter, Feld- und Waldhüter u. dergl. betraut. Dieses Personal der Staats- und Kommunalpolizei untersteht dem Ministerium des Innern und den Bezirkspolizeibehörden; gleichzeitig sind die Angehörigen dieses Polizeidienstes auch als Hilfsorgane der Staatsanwaltschaft im Gebiete der Strafpolizei tätig .... Störungen der öffentlichen Sicherheit und Ordnung sind zunächst durch die Gendarmerie und die sonstigen Polizeibediensteten mit den nach der Sachlage gebotenen Mitteln,

1901 angestellt: 2 Polizeikommissäre, 1 Wachtmeister, 4 Sergeanten und 50 Schutzmänner. Es wurden an Anzeigen erstattet:

Im ganzen				Davon wegen							
				Verbrechen und Vergehen				Übertretungen			
1901	1900	1899	1898	1901	1900	1899	1898	1901	1900	1899	1898
8398	7675	6541	5824	1858	1744	1407	1386	6540	5931	5134	4438

Danach hat die Tätigkeit der Polizei von Jahr zu Jahr eine regere werden müssen.

Zum Schluß sei noch ein Überblick über die Geschäftstätigkeit des Amtsgerichts Heidelberg gegeben:

	Geführte Voruntersuchungen	Ergangene Urteile		Art der Urteile				Erlassene Strafbefehle	Strafbefehle im besonderen Forststrafverfahren	Gesuche um Wiederaufnahme
		Mit Schöffen	Ohne Schöffen	In Privatklagesachen	Wegen sonstiger Vergehen amtsgerichtlicher Zuständigkeit	Wegen von der Strafkammer verwiesenen Vergehen	Wegen Übertretungen			
1901	—	964	1	34	198	637	96	137	1493	—
1900	—	872	3	24	198	577	76	144	1155	—
1899	—	909	—	38	246	552	73	118	1043	—

Damit schließe ich die Übersicht über die Angaben der amtlichen Statistik. Bevor ich näher auf die einzelnen Delikte eingehe, soll mit wenigen Worten auf die Tabellen hingewiesen werden, welche bei Einzeluntersuchungen zu berücksichtigen sind.

Nach einer Verordnung[1]) vom 15. Dezember 1898, die Statistik der Strafrechtspflege betreffend, werden eine Anzahl Tabellen geführt, die am 1. Januar jedes Jahres abzuschließen sind; die übergehenden Strafsachen werden mit ihren ursprüng-

nötigenfalls unter Anwendung des polizeilichen Gewahrsams bis zu 48 Stunden zu verhindern und zu unterdrücken."

[1]) Karlsruhe 1898.

lichen Ordnungszahlen übernommen. Die anhängig gewordenen Sachen werden der Zeitfolge nach eingetragen und fortlaufend numeriert.

Tabellen der Staatsanwaltschaft.

1. Der Amtsanwalt führt

a) eine Haupttabelle A über sämtliche bei ihm zur Anzeige gelangenden, zur schöffengerichtlichen Gerichtsbarkeit (§ 27 G.V.G.) gehörigen Übertretungen und Vergehen.

b) eine Tabelle B über die nach § 75 der Gerichtsverfassung vom Landgericht an das Schöffengericht überwiesenen Vergehen.

c) eine Tabelle C über Wiederaufnahmen. Diese Tabelle hat keine Berücksichtigung gefunden, ebenso konnte von den Tabellen, welche für die Staatsanwaltschaft geführt werden, die Tabelle über Wiederaufnahme, über Revisionsbeschwerden an das Reichsgericht und über die gewaltsamen Todesursachen außer acht bleiben. Anzeigen wegen gewaltsamer Todesfälle erscheinen in der Tabelle D dann, wenn die Erhebungen den Verdacht einer strafbaren Handlung ergeben. Als gewaltsame Todesfälle sind hier nur Todesfälle durch Selbstmord oder Unglücksfälle wie Blitzschlag, Ertrinken, Sturz, Verbrennen, Verletzung durch Tiere usw. zu berücksichtigen.

2. Für den Staatsanwalt werden geführt:

a) eine Anzeigen-Tabelle D, in welche sämtliche zur Gerichtsbarkeit der Strafkammer oder des Schwurgerichts gehörige Anzeigen bis zu Einstellung, Abgabe, Ablehnung oder Erhebung der öffentlichen Klage eingetragen werden.

b) eine Haupttabelle E, in welche die weiteren Einträge (die Überweisungssachen ausgenommen) von Erhebung der öffentlichen Klage an, erfolgen.[1])

Im einzelnen ist zu den Tabellen noch zu bemerken, daß jedes Strafverfahren nur eine Ordnungszahl erhält, sei es, daß eine Person mehrere strafbare Handlungen beging, oder mehrere Personen bei einer Handlung beteiligt waren. Falls bereits Einträge gemacht sind, muß eine Verweisung auf die betreffende

---

[1]) Es erfolgt also eine Übernahme der Fälle aus der Tabelle D in die Tabelle E zur Weiterführung.

Nummer eingetragen werden, weil die Erledigung nur bei der ersten Eintragung vermerkt wird. Diese Punkte sind besonders bei der Durchsicht der Tabellen zu beachten.

Die Bezirksforstbehörden als Amtsanwälte für Forststrafsachen führen über diese Straftaten eigene Tabellen.

Diese Hinweise mögen genügen, um auf die Schwierigkeiten aufmerksam zu machen, die einer Detailstatistik entgegenstehen, welche auf Grund der genannten Tabellen erfolgen soll.

Tabellen der Gerichte.

Bei den Amtsgerichten wird eine Tabelle geführt, in die alle zur Aburteilung bei Amtsgerichten einlaufenden Strafsachen eingetragen werden. Privatklagen werden in einer besonderen Tabelle aufgeführt. Die übrigen amtsgerichtlichen Tabellen kommen nicht in Betracht. Es sind dies die Voruntersuchungstabelle, eine Tabelle der einzelnen richterlichen Anordnungen und die Schöffentabelle. Von Interesse ist noch die Urteils- und Privatklagetabelle der Landgerichte.

Eine Durchsicht der Akten des Amts- und Landgerichts Heidelberg hat ergeben, daß außer der Stadt Heidelberg besonders folgende Ortschaften eine starke Kriminalität aufweisen: Nußloch, ein Marktflecken mit 3200 Einwohnern; dort wird rationell Feldbau betrieben, es wird namentlich Tabak und Hopfen gebaut; in den Zigarrenfabriken werden an 1600 Arbeiter[1]) beschäftigt. Ferner Sandhausen mit den gleichen Gewerbebetrieben und annähernd der gleichen Einwohnerzahl; Kirchheim mit 4000 Einwohnern. in enger wirtschaftlicher Beziehung zu Heidelberg; Leimen ebenfalls mit 3000 Einwohnern, mit einem großen Zementwerk und landwirtschaftlichen Betrieben, auch Dossenheim, Petersthal, Ziegelhausen. Namentlich Kirchheim tritt durch seine Kriminalität hervor. Es handelt sich in den meisten Fällen in der Tat um Angehörige des Arbeiterstandes, die ja einen großen Bestandteil dieser ansehnlichen

[1]) Nach Angaben von Lenz a. a. O. S. 21.

und wohlhabenden Ortschaften ausmachen, um Tagelöhner, meist aus landwirtschaftlichen Betrieben, Zigarrenarbeiter, Steinbrucharbeiter, Gerber und Fischer, letztere besonders aus Neckargemünd.

Die einfachen Diebstähle und die schweren Körperverletzungen sind es, um dies zu wiederholen, die den Ausschlag geben. Hausfriedensbruch, Beleidigung, Unterschlagungen, Sachbeschädigung, Widerstand gegen die Staatsgewalt kommen häufig vor. Zu bemerken ist, daß vielfach mehrere Verbrechen zugleich vorliegen. Hausfriedensbruch veranlaßt oft zu Beleidigungen, Drohungen und Widerstand gegen die Staatsgewalt, auch zur Sachbeschädigung. Unter den strafbaren Übertretungen der Bestimmungen der Gewerbe-Ordnung finden sich zahlreiche Milchfälschungen. Das bringt die Lieferung für die Stadt so mit sich; man bedenke, daß von Januar bis August des Jahres 1905 in der Stadt Heidelberg über 100000 Fremde angemeldet waren, dazu kommen noch die zahlreichen Durchreisenden, die sich nur wenige Stunden daselbst aufhalten. Der Milchkonsum ist demnach ein ziemlich erheblicher. Wilharm[1]) hat in seiner Untersuchung über die Milchversorgung von Heidelberg festgestellt, daß z. B. am 1. Dezember 1903 nach Heidelberg 1655 Liter Milch mit Handwagen oder Pferden eingeführt worden seien, von Rohrbach allein wären 19 Leute mit Handwagen gekommen. Die täglich eintreffende Achsenmilch wird auf rund 3000 Liter geschätzt. Heidelberg selbst (ohne Handschuhsheim) produziere täglich 3292 Liter, im Jahre also 1199580 Liter. Der Gesamtverbrauch ergibt nach Wilharms Berechnung:

Ankunft mit badischen Staatsbahnen . .	4747000
„ „ der Main—Neckar—Bahn .	79570
„ „ der Kleinbahn	6405575
Achsenmilch[2])	1299580
zusammen im Jahre:	7761722 Liter,
mithin täglich	21237 Liter.

[1]) Wilharm, Die Milchversorgung von Heidelberg. Philosophische Dissertation (Heidelberg) Berlin, Carl Siebert, Buchdruckerei S. 40 ff.

[2]) Achsenmilch in der Stadt Heidelberg (ohne Handschuhsheim) erzeugt.

Im Sommer ist der Konsum geringer, an Markttagen wird mehr Achsenmilch eingeführt. Die Bauern, welche Gemüse auf den Wochenmarkt bringen, haben auf ihrem Handwagen auch eine Kanne Milch, die sie zu billigen Preisen absetzen. Die Menge des täglichen Konsums schwankt. Diese Zahlen zeigen einerseits, wieviel Gelegenheit zum Verlängern der Milch gegeben und wie groß die Schwierigkeit ist, eine wirksame Kontrolle auszuüben. Als Entschuldigung dient bei Milchfälschungen vielfach die Angabe, beim Ausschwenken der Milchkannen sei Wasser zurückgeblieben, eine Entschuldigung, die von einer gewissen Offenheit zeugt, aber im übrigen auch nicht gerade zugunsten der betreffenden Betriebsinhaber spricht. Die chemische Untersuchung ergibt aber dann einen zu großen Wassergehalt der Milch, der nicht nur auf nicht ordnungsgemäßes Ausschwenken zurückgeführt werden kann.

Einzelne Delikte.

Aus der Tabelle ersieht man, daß Hausfriedensbruch, Beleidigung, Betrug, schwere Körperverletzung und Diebstahl zahlenmäßig am häufigsten vorkommen und deshalb Beachtung verdienen. v. Liszt[1]) sagt, man müsse die gegebenen Zahlen der Reichskriminalstatistik mit 4 oder 5 multiplizieren, um die richtigen Ziffern zu erhalten, und das ergäbe dann die sogenannte „legale" Kriminalität, die hinter der tatsächlichen weit zurückbleibe, da nicht jedes Delikt verfolgt und nicht jeder Angeklagte verurteilt werde. Die tatsächliche Kriminalität läßt sich aber nicht feststellen, und so müssen wir uns an die amtlichen Zahlen halten.

Die Heidelberger Kriminalität bietet kein interessantes Bild. Als Beweis diene der Abdruck zweier willkürlich herausgegriffener Zeitungsberichte, die das Verhältnis der Häufigkeit der einzelnen Delikte zueinander ungefähr in gleicher Weise zum Ausdruck bringen, wie die Tabelle es tut:

Heidelberg, 19. Okt. (Schöffengericht). S. von Kirchheim erhielt wegen Körperverletzung 20 M. Geldstrafe ev. 4 Tage Gefängnis; F. von Karlsruhe wegen Sachbeschädigung und Bedrohung 10 Tage Gefängnis; das Ver-

[1]) Strafrechtliche Aufsätze und Vorträge II. S. 238.

fahren gegen S. von Eppelheim, angeklagt wegen Körperverletzung, wurde eingestellt; M. von Sandhausen erhielt wegen Körperverletzung 4 Monate Gefängnis; R. von Nußloch wegen des gleichen Vergehens 6 Wochen Gefängnis; D. von Kirchheim, angeklagt wegen Diebstahls, wurde freigesprochen; die Verhandlung gegen B. von hier, angeklagt wegen Körperverletzung, wurde vertagt; Z. von Kirchheim erhielt wegen Bedrohung und Hausfriedensbruchs 4 Wochen Gefängnis; H. von Leimen erhielt wegen Diebstahls eine Woche Gefängnis; die S. geb. S. hier wegen Diebstahls 6 Wochen Gefängnis; K. von Kirchheim wegen Bedrohung 20 M. Geldstrafe ev. 4 Tage Gefängnis; A. von Kirchheim wegen Betrugs 6 Wochen Gefängnis.

Heidelberg, 20. Okt. (Strafkammersitzung).

Der mehrfach vorbestrafte H. von Petersthal entwendete aus einem offenen Schopfen der Möbelfabrik B. in Ziegelhausen 1 Fahrrad im Werte von 40 bis 50 Mark. Er wurde wegen Rückfallsdiebstahls zu 1 Jahr Gefängnis verurteilt. Volksschüler S. von Petersthal war der Beihilfe zu diesem Diebstahl angeklagt. Der Gerichtshof sprach ihn frei. — Student P. war vom Schöffengericht wegen Hausfriedensbruchs zu 40 M. Geldstrafe verurteilt worden. Seine Berufung mußte als unbegründet verworfen werden. — Die schon wiederholt wegen Diebstahls vorbestrafte Zigarrenmacherin B. aus Odenheim entwendete zu Wiesloch einer Witwe 1 Photographie mit Rahmen, 1 Paar Pantoffel und einer Fabrikarbeiterin 1 Paar Strümpfe. Sie wurde deshalb zu einer Gesamtstrafe von 5 Monaten Gefängnis verurteilt. — Ehefrau S. geb. S. hier war vom Schöffengericht wegen Gewerbsunzucht zu 3 Tagen Haft verurteilt. Sie legte Berufung ein und wurde kostenlos freigesprochen. — Die S. aus Durlach ist vom Schöffengericht hier wegen Gewerbsunzucht mit 4 Wochen Haft und Überweisung an die Landespolizeibehörde bestraft worden. Ihre Berufung wurde verworfen. — Die Studenten B., B. und S. in Heidelberg waren vom Schöffengericht hier wegen Sachbeschädigung, B. außerdem wegen Beleidigung, ersterer zu einer Geldstrafe von 70 M., die beiden letzteren zu einer solchen von je 50 M. verurteilt worden. Sie ließen durch ihren Verteidiger Berufung einlegen, da ihnen die Strafen zu hoch seien. Heute wurde die Berufung zurückgenommen.

So und ähnlich lauten die regelmäßigen Zeitungsberichte. Über die häufigsten Delikte ist folgendes zu sagen:

1. Hausfriedensbruch.

Der Hausfriedensbruch, der in dem widerrechtlichen Eindringen in gewisse Örtlichkeiten oder in dem widerrechtlichen Verweilen in denselben besteht,[1]) weist in der Art der Begehung

[1]) Frank, Das Strafgesetzbuch für das Deutsche Reich, dritte und vierte Auflage. Leipzig 1903. S. 181.

für die Kriminalität des Amtsbezirks Heidelberg keine charakteristischen Merkmale auf, er wird gewissermaßen den Bestimmungen des § 123 des Reichsstrafgesetzbuches entsprechend ausgeführt. Die Täter handeln vielfach unter dem Einfluß von Alkohol; sie wollen dann in irgendeinen Raum eindringen, woran sie von den rechtmäßigen Inhabern verhindert werden; man versperrt den Eingang, schließt die Tür. Dadurch gerät der Außenstehende in Wut und versucht mit oder ohne Erfolg den Widerstand zu brechen. Meist bleibt es dann nicht bei dem einen Delikt. Mißlingt das Eindringen, so ergeht sich der Betreffende meist in Drohungen, er wolle alle totschlagen, wenn er nur erst drin wäre, oder es folgen Beleidigungen gegen die Bewohner oder gegen die Polizeibeamten. — Der andere Fall ist der des unbefugten Verweilens in einem Raume trotz nicht mißzuverstehender Aufforderung des Berechtigten, den Ort zu verlassen. Wird der Aufforderung nicht Folge geleistet, so sucht der Betreffende sich mit oder ohne Polizei zu helfen. Oft geht es dann ohne Sachbeschädigung, Körperverletzung, Widerstand gegen die Staatsgewalt etc. nicht ab.

2. Beleidigung.

Kreditgefährdungen durch Verleumdung und Beschimpfung des Andenkens kommen verhältnismäßig selten vor, es handelt sich meist um einfache Beleidigungen, üble Nachreden und Verleumdungen, bewirkt durch Nichtachtung zum Ausdruck bringendes Benehmen, Schimpfworte, die Zumutung unsittlicher Handlungen, Behauptung wahrer oder unwahrer ehrenrühriger Tatsachen.[1]) Die hohe Zahl der Beleidigungen wird durch das Zusammenwohnen einer wenig gebildeten Bevölkerung bedingt, die sich in einzelnen Gemeinden zum großen Teil aus den arbeitenden Klassen zusammensetzt. Die Häuser stoßen meist eng aneinander, den Schauplatz der Tat bilden vielfach der gemeinsame Hausflur, die Treppe, der Hof, der zu mehreren Haushaltungen gehört. Anlaß zu Beleidigungen gibt oft der

---

[1]) v. Liszt, Lehrbuch des Deutschen Strafrechts. 14. u. 15. Auflage. Berlin 1905. S. 341.

Klatsch der Personen, die tagsüber nicht auf Arbeit gehen, sondern das Hauswesen zu besorgen haben, meistens sind es die Frauen, auch nicht mehr arbeitsfähige Männer, Invaliden. Der erste Anlaß ist gering, aber man redet sich dann in Eifer und frei von der Leber weg alles, was man schon lange mit sich herumgetragen hat. Man hat nur auf eine Gelegenheit gewartet. Dann wird viel gesprochen, was man nachher vor Gericht nicht mehr verantworten kann. Ein Eingehen auf Einzelfälle erübrigt sich, weil sie keine charakteristischen Merkmale aufweisen. Derartige Reibereien kommen ja unter den verschiedenen Mietsparteien überall vor.

3. Betrug.

Betrügereien kommen zahlreich vor, vielfach in Verbindung mit anderen Delikten, wie Diebstahl, Hausfriedensbruch usw. Die Tabelle weist für das Jahr 1903 eine nicht unerhebliche Steigerung der Ziffer auf. Nicht selten kommt es vor, daß jemand sich in Kost und Wohnung gibt unter der Angabe, er sei in diesem oder jenem Geschäft angestellt. Schließlich bleibt er die Miete schuldig, es stellt sich dann heraus, daß er gar keine Anstellung gehabt hat; oft kommt noch hinzu, daß er sich unter falschem Namen eingeführt hat. Diese Fälle werden sich immer wiederholen, und es ist zuzugeben, daß es für die Vermieter sehr schwer ist, sich hier vor Schaden zu bewahren und nicht das Opfer eines Betrügers zu werden, denn sie haben es oft so bitter nötig, eine Nebeneinnahme durch Abvermieten zu erlangen; es handelt sich meist um alleinstehende Frauen, Witwen, die für ihre Kinder zu sorgen haben und schon bei dem Gedanken froh sind, das Zimmer nicht freistehend zu haben, und die dann enttäuscht werden.

Für eine andere Art, sich einen widerrechtlichen Vermögensvorteil zu verschaffen, möchte ich folgenden Fall anführen: Ein Fuhrknecht kommt in eine Wirtschaft und sagt, er sei der Besitzer des draußen haltenden Fuhrwerks, hätte gerade eine größere Ausgabe gehabt, wolle noch dies und jenes in der Stadt kaufen, hätte aber nicht genug Geld bei sich. Der augenblicklich abwesende Wirt kenne ihn sehr gut. Er erhält von der Frau den gewünschten Betrag. Solche und ähnliche Fälle sind nicht selten, man fragt sich da nur, wie ist es möglich, daß die Menschen — auf derartige Aussage hin — immer noch Geld weggeben. Gewöhnlich kommt ihnen das Bedenkliche in ihrem Tun dann auch gleich zum Bewußtsein, aber zu spät, der Empfänger ist bereits fort. — Oder es erscheinen Leute, die sich als Angestellte eines Geschäftes ausgeben und behaupten, im Auftrage jenes Inhabers zu kommen; sie erheben für ihn eine Summe, die bald zurückgezahlt werden solle, oder fordern irgendeine Ware. Und immer wieder sind die betreffenden Geschäftsleute aufs höchste überrascht, wenn sie einsehen müssen, daß sie einem Betrüger in die Hände gefallen sind. Der betreffende Geschäftsmann wird bei der ersten sich bietenden Gelegenheit natürlich daraufhin angeredet, ob er denn das Geld nicht wiedergeben oder die entnommene Ware nicht bezahlen wolle, und es stellt sich dann heraus, daß er von dem ganzen Vorgange nichts weiß. —

Beim Lesen solcher Vorgänge in den Akten hatte ich die Empfindung, daß diese Betrügereien fast durchweg unglaublich ungeschickt angestellt waren, und wenn man nun gar die Täter auf der Anklagebank vor sich gesehen hat, erscheint es einem erst recht unverständlich, daß sie imstande waren, Geschäftsleute zu hintergehen. Es erschien mir in den meisten Fällen unverständlich, wie ein Ladeninhaber oder sein Personal noch auf solche Sachen hereinfallen kann, und konnte es mir nur dadurch erklären, daß selbst diese unscheinbaren Leute im Augenblick der Tat mit so verblüffender Sicherheit und Selbstverständlichkeit auftreten, die keine Zweifel an ihrer Ehrlichkeit aufkommen lassen. Jeder Geschäftsmann müßte in einer Stadt wie Heidelberg doch wissen können, daß der Kaufmann X. einen derartigen Angestellten nicht hat oder einen derartigen Menschen mit einem solchen Auftrag nicht schicken wird. — Es wurde mir folgender Fall erzählt, der für die Sicherheit spricht, mit welcher die Täter aufzutreten pflegen. In ein Warenhaus tritt eine gut gekleidete Dame ein, gibt sich als Frau Oberst X. aus, sie wohne im Hotel Y., einem der ersten Hotels Heidelbergs, sucht sich Seidenstoffe aus, hat das Geld vergessen, man gibt ihr aber die Sachen mit. Kaum hat die Dame das Geschäftslokal verlassen, so kommen der Verkäuferin Bedenken; sie teilt dem Chef die Sachlage mit; dieser geht der Dame nach, holt sie ein. — Kein Zweifel, hier kann kein Betrug vorliegen. Er würde sich ja den größten Unannehmlichkeiten aussetzen, wenn er die Dame darauf hin anredete und sie fragen würde, ob sie zu bezahlen gedenke. Er kehrt deshalb wieder um und erhält — natürlich kein Geld.

Wieder eine andere Art von Betrügereien wird in Verbindung mit Bettelei ausgeführt. Es wird auf alle erdenkliche Art unter Angabe eines falschen Namens, Berufes, irgendwelcher Leiden, unter Vorzeigung gefälschter Schriftstücke, auf denen bemerkt ist, wer dem Vorzeiger schon etwas gegeben hat, usw. der Versuch gemacht, sich Geld zu verschaffen. Aus den Akten und Tabellen hat sich aber auch bei diesem Delikt ergeben, daß nicht in erster Linie die einheimische, seßhafte Bevölkerung als Täterin in Betracht kommt, sondern vorwiegend die fremden Elemente.

4. Körperletzungen.

Die Körperverletzungen mit gefährlichem Ausgange beschäftigen die Heidelberger Gerichte recht häufig. Sie sind in erster Linie durch den Genuß von Alkohol veranlaßt. Hierüber liegen sehr sorgfältige Beobachtungen des Medizinalrates Dr. Kürz, Bezirksarzt des Landbezirkes Heidelberg, vor. Unter dem Titel „Zur Prophylaxe der Roheitsdelikte“ [1]) hat er seine Erfahrungen in einem Aufsatze niedergelegt. Seine Angaben erstrecken sich auf die Jahre 1900, 1902, 1903 und 1904, nicht auf das Jahr 1901. Kürz hatte in diesen Jahren 1115 Körperverletzungen im Landbezirk Heidelberg [2]) zu begutachten. Unter diesen stellten sich 33 als leichte (§ 223 R.St.G.B.), nur einzelne als schwere (§ 224) heraus, die übrigen fielen meist unter die Bestimmungen des § 223a R.St.G.B. Die Folgen

---

[1]) M. Schr. Krim. Psych. II. S. 24ff.

[2]) Der Landbezirk Heidelberg umfaßt, wie schon erwähnt, 36 Gemeinden und drei kleine städtische, halb bäuerliche, halb gewerbliche Gemeinden. Die größeren sind Industriedörfer, die kleineren Bauerndörfer.

wären, wie aus den zahlreichen ärztlichen Gutachten hervorgeht, meistens keine schweren.[1]) Als Werkzeug diente zumeist das Messer, auch das geschlossene (18,2 % der Fälle), ferner geeignete Gegenstände aus dem Wirtshaus (14,4 %), wie Gläser, Bierteller, Streichholzständer usw.; in den übrigen Fällen wurden Prügel, Steine, Stühle, Leibriemen, Schlagringe benutzt, oder es wurde getreten und gebissen.

Nachfolgende von Kürz aufgestellte Tabelle zeigt zunächst einmal, wie häufig die Körperverletzungen im Landbezirk Heidelberg sind, und daß hier nicht der Samstag, sondern der Sonntag und Montag als Kampftage sich auszeichnen. Die Angaben, welche über die Festtage gemacht sind, die auf einen Werktag fielen, sind nicht vollständig; es handelt sich da um katholische Feiertage, patriotische Feste, Hochzeiten, Kirchweihen, die gewönlich drei Tage dauern; auch Kontrollversammlungen und Musterungen gehören hierher.

Verteilung der Körperverletzungen auf die Wochentage.

Wochentag	1900	1902	1903	1904	zus.	%
Sonntag	123	144	123	112	502	45
Montag	56	42	39	45	182	16,3
Dienstag	26	23	20	26	95	8,5
Mittwoch	10	17	22	18	67	6,0
Donnerstag	7	17	18	20	62	5,5
Freitag	19	26	18	19	82	7,3
Samstag	18	21	34	21	94	8,4
Unbekannt	2	—	12	18	32	2,9
Festtage	35	46	22	23	126	11,2
Summa	260	290	286	279	1175	100

In 742 Fällen (66,5 %) war das Wirtshaus der Tatort. Kürz gibt an, daß im Jahre 1901 im ganzen Amtsbezirk Heidelberg (Stadt und Land) 435 Wirtschaften bestanden, so daß auf

3) Vergl. Kürz a. a. O. S. 24. „Nach dem allgemeinen Eindruck kann ich aber sagen, daß die Mehrzahl der Verletzten wie auch, nach den Akten, der Täter, zu den Jugendlichen (bis 20 Jahren) gehörten, und daß es sich größtenteils um Arbeiter, meist (ungelernte) Fabrikarbeiter, sowie Bauarbeiter und Steinbrecher, seltener um Landarbeiter, d. h, Angehörige oder Dienstboten unseres (Klein-)Bauernstandes, handelte."

207 Einwohner, Frauen und Kinder eingerechnet, eine Wirtschaft kam. Hier ist nun aber zu beachten, daß Heidelberg Universitäts- und Fremdenstadt ist, daß aber anderseits nur eine bestimmte Anzahl von Gasthäusern für die Durchreisenden in Betracht kommen, und daß eine große Zahl, namentlich außerhalb der Stadt, doch fast ausschließlich von Einheimischen unterhalten werden müssen.

Die Vorgänge, welche schwere Körperverletzungen zur Folge haben, weisen auch keine großen Verschiedenheiten auf. Man beginnt zu trinken, dann folgen Neckereien, schließlich bekommt jemand eine Ohrfeige: „Da er mich nicht gehen ließ, gab ich ihm eine Ohrfeige." Und dann fangen mit Vorliebe gleich verschiedene Leute an, auf einen von beiden loszugehen, ihn zu verhauen, und schließlich fliegt er hinaus. „Wir standen da und tranken, bekamen Disput, er packte mich mit beiden Händen, und ich habe ihn auch gefaßt;" solche und ähnliche Stellen aus den Berichten der Gendarmen kann man oft in den Akten finden. Die Leute besitzen eine bewundernswerte Geschicklichkeit, die Vorgänge bei ihrer Vernehmung harmlos darzustellen. In einem Falle hatte der Täter den Verletzten offenbar recht energisch mit einem Glas auf den Kopf geschlagen. Dieser Vorgang veranlaßte ihn zu folgender anschaulicher Schilderung des Falles: „Ich warf ihn auf einen Stuhl, und als er auf diesem lag, wollte er mit dem Glas, das er in der Hand hielt, auf mich schlagen. Ich stieß das Glas zurück und traf ihn damit auf den Kopf; dadurch hat X. seine Verletzung erhalten." Eine ähnlich lautende Zeugenaussage, die vor einem Mannheimer Gerichte, also in nächster Nachbarschaft von Heidelberg, gemacht sein soll und auch als Witz durch die Zeitung ging, lautet: „Wir saßen ganz ruhig, unterhielten uns lebhaft, auf einmal hängt dem einen das Auge heraus."

Zahlreiche Körperverletzungen werden nach dem Verlassen des Lokals verübt. Schon in demselben ist dann wohl eine Äußerung gefallen, wie: heute gibt es noch Schläge genug! Man hat es dann auf einen der Anwesenden abgesehen, und wenn dieser das Freie erreicht hat, sieht er sich bald seinen

Gegnern gegenüber, die ihm aufgelauert haben. Daß fremde Burschen auf einem Tanzsaal verprügelt werden, weil sie den einheimischen Schönen zu viel Aufmerksamkeit geschenkt haben, kommt überall vor. Bisweilen können die Streitigkeiten auch einen recht ernsten Charakter annehmen; dann ergeht an den Streitlustigen wohl die Aufforderung, er möge herauskommen, wenn er etwas wolle, und draußen wird dann beinahe regelrecht ein Zweikampf ausgefochten. Da den Leuten im allgemeinen jedes Werkzeug recht ist, kommt es fast immer zu einem Delikt gegen § 223a R.St.G.B.

Es ist zuzugeben, daß die gefährlichen Körperverletzungen hier zahlreicher sind, vielleicht, weil mehr getrunken wird als in manchen anderen Gegenden, aber in erster Linie doch wohl deshalb, weil eine größere Menge jugendlicher Arbeiter zusammengedrängt wohnt in Orten, in welchen sie den Hauptbestandteil der Bevölkerung ausmachen und wo dann die ausgleichenden Elemente fehlen. Sie sind zu sehr unter sich. Es kommen — was auch von Kürz bestätigt wird — fast nur Leute im Alter von 18 bis 20 Jahren als Täter in Betracht. Man sagt, daß sie sich dann später recht gut benehmen lernen, wenn sie diese Jahre überwunden haben. Zu verwundern ist es, daß nicht mehr Unheil angerichtet wird; das spricht aber entweder für die mangelhafte Herstellung der gebrauchten Werkzeuge, wie der Biergläser, Streichholzständer usw., die meistens nachgeben, oder für die solide Beschaffenheit der badischen Schädel.

5. Diebstahl.

Nächst den Körperverletzungen sind es die Diebstahlsziffern im Heidelberger Bezirk, welche durch ihre Höhe die Aufmerksamkeit auf sich lenken. Gerade hier ist zu beachten, daß die amtlichen Angaben nicht annähernd die richtige Zahl treffen können. Namentlich kleinere Diebstähle werden vielfach gar nicht angezeigt, und bei vielen der angezeigten Fälle muß das Verfahren eingestellt werden, weil dem Täter nicht auf die Spur zu kommen ist, oder unzureichende Beweisgründe vorliegen. Es kann wohl ganz allgemein angenommen werden, daß die amtlichen Diebstahlsziffern den wirklichen Verhältnissen nicht entsprechen. Aus einem preußischen ländlichen Kreise ist mir bekannt, daß vielfach Diebstähle ländlicher Arbeiter deshalb nicht angezeigt werden, weil man weiß, daß die Leute mit dem niedrigen Lohn nicht auskommen können und aufs Stehlen mit angewiesen sind. Man zeigt sie nicht an, weil man die Leutenot fürchtet. Es wird deshalb wohl viel über Diebstahl geklagt, aber man findet sich damit ab und rechnet damit wie mit einem notwendigen Übel. Bei näherer Betrachtung der amtlichen Angaben zeigt sich auch, daß die Ziffern nicht so sehr zuungunsten der hiesigen Kriminalität sprechen. Aus der Tabelle S. 32 ersieht man, daß die einfachen Diebstahlsziffern im Jahre 1903 wieder den gleichen Stand wie im Jahre 1899 erreicht haben. Die Zahl des gleichen im wiederholten Rückfall begangenen Deliktes ist allerdings etwas gestiegen. Unter den 161 Personen, die zum ersten Male wegen einfachen Diebstahls im Jahre 1903 bestraft wurden, befanden sich 45 Jugendliche. Diese letzteren kann man im allgemeinen der einheimischen Bevölkerung zurechnen, während die erwachsenen Diebe zum Teil der fluktuierenden Bevölkerung angehören. Als Beruf geben sie meistens „Tagelöhner" an, in anderen Gegenden nennen sie sich „Arbeiter", obwohl sie mit der Arbeit auf recht gespanntem Fuße stehen, sie meiden, wo sie können. Es kann ihnen nichts Schlimmeres begegnen als die Überweisung in ein Arbeitshaus, noch dazu zu einer günstigen Jahreszeit, im Frühling oder Sommer. Und das ist ja auch verständlich, denn die Arbeitsbedingungen in den Arbeitshäusern kann man nicht gut als angenehm bezeichnen, aber sie scheuen sich meistens auch die Arbeit anzunehmen, die man ihnen anbietet. Sie ziehen den mühelosen Erwerb des Lebensunterhaltes vor.

Warum wird im Amtsbezirk Heidelberg gestohlen? Sind die Diebstahlsziffern als Ausdruck einer verbrecherischen Gesinnung der Bevölkerung oder ihrer wirtschaftlichen Notlage anzusehen? Ich glaube annehmen zu dürfen, daß in den Körperverletzungen unter Berücksichtigung der Begehungsart, die hier so zahlreich als schwere zur Bestrafung gelangen, einerseits kein Zeichen verbrecherischer Gesinnung zu sehen ist, daß sie anderseits auf einen gewissen Wohlstand hinweisen. Es handelt sich fast durchgehend um junge arbeitsfähige Burschen, die von ihrem Verdienst hinreichend erübrigen, um sich nicht nur am Sonntag, sondern auch an anderen Tagen der Woche zu betrinken und dann ihrem überschüssigen Tatendrang freien Lauf lassen. Solange es dazu in so zahlreichen Fällen noch reicht, kann meines Erachtens von einer wirtschaftlichen Notlage, die eine größere erzwungene Arbeitslosigkeit hervorgerufen hat, noch nicht die Rede sein. Ein wirtschaftlicher Zwang, ein Verbrechen zu begehen, vor allen Dingen, aus Not zu stehlen, liegt für diese Leute zunächst nicht vor. Wenn sie trotzdem mit dem Gesetze in Konflikt geraten, haben sie es sich selbst zuzuschreiben, können sich dann nur mit der „sündlichen Natur des Menschen", von der sie sich nicht freigefühlt haben, entschuldigen.[1]) Solange aber getrunken wird, wird man sich auch untereinander prügeln und solange man sich prügelt, sind Körperverletzungen nicht zu vermeiden. Das Religionsbekenntnis spielt dabei übrigens gar keine Rolle.

Es würde nun zu fragen sein, wieweit aus Not gestohlen wird. Für die Jugendlichen scheint keine unbedingte Notwendigkeit, sich am fremden Eigentum zu vergreifen, vorzuliegen, denn die Gegenstände, welche sie stehlen, bessern sie in ihrer wirtschaftlichen Lage gar nicht. Es werden gelegentlich auch Nahrungsmittel gestohlen, auch Geld, das aber natürlich so unzweckmäßig wie nur möglich zur Anschaffung gänzlich überflüssiger Dinge verwendet wird. Das sind Fälle, die überall vorkommen.

Wie schon gesagt, handelt es sich bei den erwachsenen Dieben meistens um sogenannte Tagelöhner.[2]) Die Reichsgewerbeordnung kennt den Begriff des Tagelöhners nicht.[3]) In der Ausführungsanweisung vom 26. Februar 1892 zum Titel VII

---

[1]) Vergl. S. 25.

[2]) Vergl. Wilmanns. Das Landstreichertum, seine Abhilfe und Bekämpfung. M. Krim. Psych. I. S. 610.

[3]) Beachtenswert sind die Thesen zur Verbandsversammlung Deutscher Arbeitsnachweise: „Wandernde Arbeitslose usw." in der Zeitschrift „Der Arbeitsmarkt". 9. Jahrg. N. 4, 1905. S. 70.

G.O. betreffend Arbeitsbücher und Arbeitszeugnisse (§§ 107—114. G.O.) heißt es:

IV. „Zu den gewerblichen Arbeitern im Sinne des Gesetzes sind unter anderen nicht zu rechnen und zur Führung eines Arbeitsbuches nicht verpflichtet: 3. die mit gewöhnlichen auch außerhalb des Gewerbes vorkommenden Arbeiten beschäftigten Tagelöhner und Handarbeiter.“

Unter Tagelöhner versteht man im allgemeinen dem Sprachgebrauch nach landwirtschaftliche Arbeiter, die im Tagelohn stehen; aber die Leute, die sich hier als Tagelöhner bezeichnen, gehören zu den sogenannten Gelegenheitsarbeitern, die jede Gelegenheit mehr oder weniger zu meiden pflegen. Bei diesen liegt vielfach verschuldete oder unverschuldete Arbeitslosigkeit vor; sie wollen oder können keine Arbeit finden. Sie stehlen Kleidungsstücke und verkaufen sie; vielfach bestehlen sie den Schlafkollegen oder den Quartierwirt, während er auf Arbeit ist, oder sie entfernen sich vor Tagesanbruch, ehe die Mitbewohner erwachen. Ich nehme an, unverschuldete Arbeitslosigkeit als Motiv zum Diebstahl liegt nur bei der geringeren Zahl der Falle vor, soweit es sich um Nichtvorbestrafte handelt. Anders liegt es bei den Entlassenen, denen oft nichts anderes übrigbleibt, als zu stehlen, um sich fassen zu lassen und wieder ein staatliches Unterkommen zu finden. Das geht deutlich aus den Akten hervor; wie oft heißt es da: ich war entlassen, niemand wollte mich beschäftigen, leben mußte ich. Hier liegt eine Not vor, die zum Teil durch unsere im Grunde genommen doch nicht unberechtigten Anschauungen bedingt wird, dem Vorbestraften nur ungern Vertrauen zu schenken und ihn zu beschäftigen. Dadurch kommen die Beteiligten dann aber in eine Zwangslage, und sie vergreifen sich zunächst am fremden Eigentum, ehe sie zu schwereren Verbrechen übergehen. Um einen besonderen Fall anzuführen: Ein Mann wird entlassen, er findet keine Arbeit; in der Nähe eines Hauses sieht er zwei frisch gewaschene Hosen hängen, nimmt sie an sich, zieht die eine über und geht, die andre über dem Arm, davon; natürlich wird er sofort als Dieb festgenommen. Das ist doch offenbar nicht Ungeschicklichkeit, sondern lediglich Gleichgültigkeit gegenüber dem Leben außerhalb der Strafanstalt. — Diese Tagelöhner sind aber nicht vorwiegend Einheimische, wie aus ihren Strafregistern hervorgeht; sie stammen allerdings meistens aus dem nördlichen Baden und pflegen ungefähr in gleicher Weise die Gerichts- und Verwaltungsbehörden von Heidelberg und Mannheim zu beschäftigen. Die Kenntnis vom Geburtsort gewinnt aber hier gar keine Bedeutung, es findet zwischen beiden Städten ein so reger Austausch statt, daß es ziemlich gleichgültig ist, ob der Betreffende im Bezirk Mannheim oder Heidelberg geboren ist. Die Frage nach dem Arbeitsort ist auch nebensächlich, denn es handelt sich vielfach um Leute, die nach ihrer Entlassung meist gar keine Zeit haben, irgendeine Arbeit erst wieder aufzunehmen. Die Hausordnung der Herberge zur Heimat bringt die Notwendigkeit des Hin- und Herziehens ja mit sich. Lange dürfen sich die Leute dort nicht aufhalten, sie müssen immer wieder einmal für einige Tage verschwinden, ehe sie von neuem ein Unterkommen finden.

Somit komme ich zu dem Schluß, daß die im Amtsbezirk Heidelberg begangenen Diebstahlsfälle durchaus verschieden zu beurteilen sind, daß, soweit die einheimische, meist jugendliche Bevölkerung in Betracht kommt, mehr aus Leichtsinn, weniger aus wirtschaftlicher Not gehandelt wird, daß bei den Zugewanderten eine gewisse Zwangslage angenommen werden muß, die aber nicht durch allgemeine ungünstige wirtschaftliche Verhältnisse bedingt ist.

Die im Mai 1905 in Berlin tagende statistische Kommission der Internationalen Kriminalistischen Vereinigung hat folgende fünf Punkte zur Beachtung bei Aufstellung einer internationalen Kriminalstatistik aufgestellt:[1])

1. es ist zu unterscheiden zwischen Diebstahl ohne Gewalt und Diebstahl mit Gewalt gegen die Person; dabei soll tunlichst Rücksicht auf die Erscheinung des Bandendiebstahls genommen werden;

---

[1]) Mitteilungen der Internationalen Kriminalistischen Vereinigung XIII. Band. Heft 1. S. 188. Protokoll. Frage. Die Konzentration der vergleichenden internationalen Kriminalstatistik.

2. es ist die Zahl der verurteilten Personen und die der von ihnen begangenen Verbrechen festzustellen, tunlichst auch die Zahl der der Strafverfolgungsbehörde angezeigten Diebstähle;
3. es ist zu unterscheiden nach a) Alter (Kinder unter 12 Jahren werden nicht mitgezählt); b) Geschlecht; c) Personenstand (ledig, verheiratet, geschieden); d) Geburtsort; e) Ort der Tat, wobei zu d und e 4 Gruppen zu unterscheiden sind: 1. Orte unter 2000 Einwohnern; 2. Orte mit 2000—20000 Einwohnern; 3. Orte mit 20000—100000 Einwohnern und 4. Orte mit über 100000 Einwohnern;
4. die Zahl der verurteilten Personen ist mit der Zahl der Bevölkerung von 12 Jahren und darüber zu vergleichen;
5. der Prozentsatz der Rückfälligen ist zu zählen. Rückfällig ist, wer schon einmal gestohlen hat.

Es würde m. E. verfehlt sein, diese Punkte etwa einer kriminalistischen Einzeluntersuchung zugrunde zu legen. An der Hand des Heidelberger Materials kann ich auf die Schwierigkeiten hinweisen, die sich einer derartigen Statistik entgegenstellen werden. Eine Unterscheidung, wie sie die Reichs-Kriminalstatistik durchführt, in einfachen und schweren Diebstahl, in einfachen und schweren Diebstahl im wiederholten Rückfall, würde dann wegfallen müssen. Man würde also eine Gesamtdiebstahlsziffer erhalten, neben welcher die Diebstahlsfälle mit Anwendung von Gewalt ganz und gar keine Bedeutung gewinnen würden. Letztere würden vielleicht neben schwerem Diebstahl, wirklichem Einbruch, Beachtung finden können, beim einfachen Diebstahl kommt das menschliche Leben doch verhältnismäßig selten in Gefahr. Die Leute sind ja oft gar nicht bewaffnet und die Geschädigten nur mit Abwehrwaffen versehen, mit denen sie nicht umgehen können, und die im günstigsten Falle oft auch nur als Wurfgeschosse zu verwerten sind. Es handelt sich doch dann meistens nur um solche Fälle, bei denen der Dieb bei seiner Arbeit gestört wird und ihm nichts anderes übrig bleibt, als sich seiner Haut zu wehren. Solche Fälle kommen ja auch in Heidelberg vor. Die Schuld, daß es zu Tätlichkeiten kommt, liegt aber meistens nicht an dem Diebe, sondern an demjenigen, der sich sein Eigentum nicht gutwillig nehmen lassen will. Unter schwerem Diebstahl versteht die Kriminalstatistik und das Reichsstrafgesetzbuch doch etwas anderes, als was man schlechthin als Einbruch oder, wenn das Leben bedroht wird, auch als Raubmord zu bezeichnen pflegt.

Wenn man nun die gesamten Heidelberger Diebstahlsziffern für das Jahr 1903 zusammenfaßt, so erhält man folgende Übersicht:

	Handlungen	Personen	Vorbestrafte	Jugendliche
Einfacher Diebstahl	213	161	67	45
Einfacher Diebstahl in wiederh. Rückfall	63	30	30	2
Schwerer Diebstahl	28	23	9	15
Schwerer Diebstahl in wiederh. Rückfall	13	13	13	—
zusammen	317	227	119	62

Demnach lagen also 317 Diebstahlsfälle vor, derentwegen 227 Personen verurteilt wurden, unter denen sich 119 Vorbestrafte — 43 von diesen hatten im wiederholten Rückfall gestohlen, wie viele außerdem schon gestohlen hatten, ist nicht festzustellen — und 62 Jugendliche befanden. Wenn auch der schwere Diebstahl nur seltener vorkommt, sind die Ziffern doch geeignet, beim Zusammenzählen diejenigen, die nur den einfachen Diebstahl betreffen, nicht unbedeutend zu verändern. Die Zahl der der Strafverfolgungsbehörde angezeigten Fälle müßte aus den Listen der Gerichts- und Verwaltungsbehörden zusammengestellt werden, ebenso die für diejenigen Fälle, in denen das Verfahren eingestellt wurde. Hierbei ist eine genaue Angabe nur schwer zu erzielen, da einzelne Fälle erst nach Jahren erledigt werden. Die Zahl der stehlenden Kinder unter 12 Jahren ist aus der Reichskriminalstatistik nicht festzustellen. Genauere Unterscheidungen nach Alter, Geschlecht und Personenstand könnten an der Hand der Akten oder der Zählkarten erfolgen. Der Geburtsort des Täters kommt bei den heutigen Verkehrsverhältnissen so wenig in Betracht, vielleicht wäre die Frage, ob der Täter auf dem Lande oder in der Stadt aufgewachsen ist, eher berechtigt. Eine Einteilung der Geburts- und Tatorte nach solchen von unter und über 2000 Einwohnern, von 20000—100000 und darüber erscheint auch nicht gerade praktisch. Dann müßte man doch bei jedem Täter nachrechnen, wie groß sein Geburtsort bei seiner Geburt war, und wenn Geburtsort und Ort der Tat zusammenfallen, wie groß er bei Begehung der Tat war. Handelt es sich dann nur um einen kleinen Diebstahl, so dürfte sich die Mühe kaum verlohnen. Denn bei dem riesigen Anwachsen unserer Industrie kann im Laufe von 20 Jahren eine Ortschaft ihren Charakter vollständig ändern. Wie viele Orte haben wir in Deutschland, die etwa 3000 Einwohner zählen und gänzlich den Charakter einer ländlichen Gemeinde bewahrt haben, während Industrieorte schon bei geringerer Einwohnerzahl auf den ersten Blick den Eindruck einer Stadt bieten. Dann ist die Spanne von 20000 bis 100000 doch zu weit bemessen. Wichtiger als der Geburtsort ist der Arbeitsort. Die vierte Forderung, die Zahl der verurteilten Personen mit der Zahl der Bevölkerung über 12 Jahren zu vergleichen, ließe sich erfüllen.

Ob die I.K.V. mit diesen Forderungen bei den amtlichen statistischen Ämtern viel Gegenliebe finden wird, erscheint mir fraglich, ja nicht einmal wünschenswert, denn es ist sehr zweifelhaft, ob eine derartige internationale Diebstahlsstatistik irgendwelchen Anspruch auf Zuverlässigkeit erheben kann. Selbst wenn z. B. die Zählkarten für den Bezirk Heidelberg zur Verfügung gestellt würden, könnte nur mit großem Zeitaufwand eine annähernd befriedigende Aufstellung für diesen kleinen Bezirk gemacht werden, die den gestellten Anforderungen entsprechen könnte. Weder amtliche noch private Arbeit wird hier ein der Mühe und dem Zwecke entsprechendes befriedigendes Ergebnis liefern können.

Druck von Georg Reimer in Berlin.

FSC
www.fsc.org
MIX
Papier | Fördert gute Waldnutzung
FSC® C083411

Kolibri 360 GmbH
Ferdinand-Jühlke-Straße 7
99095 Erfurt, Deutschland
produktsicherheit@kolibri360.de